大学生忠诚观培育研究

DAXUESHENG ZHONGCHENGGUAN PEIYU YANJIU

高媛媛 ◎ 著

安徽师范大学学术著作出版基金项目（编号：2016XJJ086）成果

安徽师范大学博士启动基金项目（编号：2017XJJ44）阶段性成果

安徽师范大学出版社

·芜湖·

图书在版编目(CIP)数据

大学生忠诚观培育研究 / 高媛媛著 . — 芜湖 : 安徽师范大学出版社 , 2019.10
ISBN 978-7-5676-4166-2

Ⅰ.①大… Ⅱ.①高… Ⅲ.①大学生 – 思想政治教育 – 研究 – 中国 Ⅳ.①G641

中国版本图书馆CIP数据核字(2019)第106094号

大学生忠诚观培育研究　　　　　　　　　　高媛媛◎著

责任编辑:何章艳
装帧设计:丁奕奕
出版发行:安徽师范大学出版社
　　　　　芜湖市九华南路189号安徽师范大学花津校区
网　　址:http://www.ahnupress.com/
发 行 部:0553-3883578　5910327　5910310(传真)
印　　刷:江苏凤凰数码印务有限公司
版　　次:2019年10月第1版
印　　次:2019年10月第1次印刷
规　　格:700 mm×1000 mm　1/16
印　　张:11.75
字　　数:183千字
书　　号:ISBN 978-7-5676-4166-2
定　　价:45.00元

前　言

忠诚是什么？在21世纪的今天，可能它是一个"非主流"词语，但即使是这样也丝毫不能影响其在思想道德领域所占据的"主流"地位。

一直以来，笔者对"忠诚"一词充满敬畏，它所外显的"尽心尽力"传递出"善""仁"，它承载着情感，蕴含着理性，情感让忠诚更为人性化，理性让忠诚行为更为正当。因此，如何让忠诚真正成为大学生道德观念的一部分，并且能够指导他们更好地成人成才，是笔者开展大学生忠诚观培育研究的初衷。

忠诚观是对忠诚的含义、价值以及判断标准的系统性认识，是主体对忠诚问题的态度与看法、观念与理论。从知识维度看，忠诚观主要包括人们对忠诚的内容、形式及忠诚行为评价标准的理解；从价值维度看，忠诚观主要探讨忠诚在具体社会生活实践中，对社会及个人所产生的意义。忠诚观根据其类型可分为伦理忠诚观与政治忠诚观。忠诚必须有忠诚对象，通常来说，忠诚对象包括人和事物两个方面。作为忠诚对象的"人"，具有理性、德性和权威性三大特征；而作为忠诚对象的"事物"，不仅能促进人类的进步、社会的和谐，还能反哺忠诚者，给忠诚者施以正面的影响。忠诚行为的评价标准包括两个路向和四个基本维度，其评价指标包括态度忠诚与行为忠诚两个维度。

忠诚文化对大学生忠诚观培育的价值主要表现为创设良好的忠诚文化氛围，提供优秀的忠诚文化基础，拓展理想的忠诚文化思维。

在大学生忠诚认知现状调查中，多数大学生认同忠诚在现代社会和人际交往中的重要性，认同忠诚是个体优秀品德之一；少数大学生对忠诚观培育心存疑虑，认为忠诚是封建社会遗留的产物，为了利益甚至可以抛弃忠诚。在大学生忠诚观培育现状调查中，笔者发现高校虽然为大学生忠诚观培育提供了较好的运行空间，但由于种种因素的影响，其培育方式、培育内容、实践力度等都有所缺失。究其原因，主要是大学生忠诚观培育过程本身存在着地位边缘化、培育理念滞后、培育内容刻板、培育方式抽象、缺乏主体性体验互动空间以及培育过程知行脱节等问题。与此同时，当代部分社会思潮，如新自由主义思潮、民族主义思潮和极端利己主义思潮，也对大学生忠诚观的形成产生一定的影响。另外，忠诚文化在传承中遭遇的困扰也在一定程度上影响了大学生对忠诚文化的理解与判断。同时，忠诚度自身可能存在的递减规律也是影响大学生忠诚观培育有效性的因素之一。

大学生忠诚观培育具有必要性和可行性。必要性在于忠诚观培育有助于提升大学生的政治忠诚度、职业忠诚度、亲情忠诚度和人际忠诚度，可行性主要体现为忠诚观培育具有理论支撑与现实基础。理论支撑主要包括马克思主义社会发展主体论、社会主义核心价值观、科尔伯格的道德认知发展理论以及价值观教育体谅模式等；现实基础主要包括遵循大学生忠诚观形成规律、关注大学生忠诚观培育的现实特点、优秀传统文化发扬光大的必然趋势以及大学生主体对忠诚观培育的自我要求。

在大学生忠诚观培育过程中，本书采用"综合择优"的思路，全方位传递忠诚知识与价值，为大学生践行忠诚观创设道德氛围，从而让大学生忠诚观培育回归生活世界，最大限度地发挥教育的作用，巩固教育的成果。高校忠诚观培育的路径和形态，主要是以思想政治理论课程为抓手、以优秀传统文化为支撑、以价值教育为核心、以实践育人为保障、以榜样教育为引领、以隐性教育为契机，通过教学实践、教育活动、学校管理等方式开展，并尝试从"体验式教育""生命叙事"等视角，构建大学生忠诚观培育新模式。

"大学生忠诚观培育"是道德教育领域一个长期的、动态的、发展的研究课题，需要把握现实、与时俱进。在"以人为本"时代精神的感召下，笔者满怀着对中华优秀传统文化的热爱、对青年学生成长成才的关怀、对美好生活的向往和对美好未来的憧憬，撰写此书，期待能为探索优秀忠诚文化现代化发展之路贡献绵薄之力。

导　论

一、问题缘起

"忠诚"作为一种价值观念，始终流淌在中华优秀传统文化的血脉中，是各类社会关系得以维系与发展的重要纽带，也是处在各类社会关系中的个体必须具备的道德品质。

首先，社会对忠诚问题的关注度提升。现阶段，处于社会转型期的中国，新的利益关系不断形成，原有的风俗、道德、信仰等遭到冲击和挑战，利益分配也在不断地进行着调适。在此背景下，道德行为选择的摇摆不定、道德评价标准的模糊等问题不断出现，社会思想呈现多元、多变、多样趋势，人们的思想也遭遇种种困扰。现代社会所倡导的多元文化价值观，鼓励人们充分发挥主体性，更为理性地思考问题，从而实现思想与行为的自主，这既为人们对忠诚的理解、选择与践履提供了多种可能，也意味着有导致"忠诚防线失守"的可能。从亲人之间的不忠、职场的反叛，到对党和国家的背叛等，这些现象的发生说明忠诚道德遇到了前所未有的挑战，这无疑在一定程度上影响了社会主义核心价值观的弘扬与践行。由此可见，多元文化价值观缺乏权威的指导和共性的评价标准，会使人们的价值判断变得茫然。因此，人们总是竭力寻求一种未知的价值共识，落脚点便是如何让"多"与"一"相辅相成、共生共存。一旦大多数人在关于忠诚问题上能够形成一种价值共识，那么人们就不会因为"多"而茫然，而是通过对这种价值共识的遵守、践履，去追求至善的"一"。

其次，学界对忠诚问题的关注度加大。2014年10月，习近平总书记对云南工作作出重要指示，对党员干部提出了"对党忠诚、个人干净、敢于担当"的具体要求，忠诚问题再次引起全社会的广泛关注，也引发了学界对现代社会语境中的忠诚要义的探究，并试图从不同学科、不同角度对其内涵及价值进行分析。2018年5月2日，习近平总书记在北京大学师生座谈会上的讲话中，对青年学生提出希望时也指出，青年学生"要爱国，忠于祖国，忠于人民"。这些重要指示及讲话精神表明，新时代中国特色社会主义开展大学生忠诚观培育的宗旨和目标，就是要培养大学生成为社会主义事业的合格建设者和可靠接班人。当代大学生作为祖国的未来和民族的希望，是时代潮流的引领者和未来社会发展的中坚力量，更应该具有高尚的道德品质，做到"道德文章"并重。而忠诚观是个体良好道德品质的重要组成部分，大学生忠诚观培育问题，无疑是中国高等教育面临的一个重要课题，需要进行深入研究。因此，选择科学、合理的大学生忠诚观培育途径，不仅能够提升高校思想政治教育的有效性，还能够让中国社会的道德教育水平迈上新台阶。

基于此，本书选择大学生忠诚观培育作为问题域，力图使高校的思想政治教育落到实处。

二、研究综述

（一）国内外关于忠诚的研究历史及研究现状

1.国内关于忠诚的研究历史及研究现状

（1）关于忠诚内涵的研究。中国的忠诚文化源远流长，从"忠"演化出的"忠诚道德"，经历了世俗性、至上性、顺从性三个鲜明的发展阶段，忠诚文化也从绝对"私忠"发展到"公忠""私忠"合一。从词源学角度来分析，"忠"和"诚"都属于伦理范畴，两者合体则为重要的道德范畴。

从语义学角度来分析，忠诚即为赤诚无私、诚心尽力。"忠"的本真内涵是指个体对他人及一切外物的真实情感，以及由此衍生出的行为结果，而"诚"属于本体世界，是本体之仁在未发时的状态，是"忠"的内在延伸，伦理意义上的"诚"在于加强自我心性修养，提高主体道德自觉能力。

我国出版的《伦理学大辞典》认为，"忠"是诚恳，积极为人；"诚"是不自欺，诚实无妄。梁涌认为，忠诚是人与人、人与社会之间的基本伦理规范，他在《社会转型期忠诚问题研究》一文中说，忠诚有三层含义：第一，包含着道德主体对道德客体的理性选择，明确忠诚的对象与原因；第二，包含着道德主体对道德客体一种稳定的情感态度；第三，包含着道德主体在道德实践中的一种持久行为。赵惠锁在《忠诚教育是永恒的主题》一文中指出，忠诚就是对特定对象"真心诚意，尽心尽力，没有二心"。从宏观上来说，就是为世界、民族、国家、事业承担起应有的义务，勇于担当；从微观上来说，就是对集体、组织、朋友、亲人承担起应有的责任，责无旁贷。忠诚之士应该是"仰不愧于天，俯不怍于人"。童伟娟在《论我国当代人民警察的忠诚观》一文中说，所谓忠诚，就是全心全意对待自己所从事的事业、所面对的人物、所献身的组织以及自己所坚持的信仰；所谓忠诚观，就是指主体在实践中形成的对自己内心所应忠诚的对象是什么、忠诚的价值以及怎么来实现这种忠诚的根本看法。徐霞在《论中国共产党人的政治忠诚观》一文中说，所谓政治忠诚观，就是中国共产党人的政治目标、政治追求、政治立场、政治义务在价值观上的表现。

相似议题的研究文献数量较多，基本观点总体趋同，对忠诚概念的分析具有以下三个特点：一是对忠诚核心要义认知基本一致，均认为忠诚是尽心竭力、尽忠职守，是现代社会中非常重要的伦理道德规范之一。二是现代忠诚观基本延续了传统忠诚观之精髓，同时也超越了传统忠诚观的非理性层面。忠诚是以人伦关系为基础的契约伦理，其内容既有纵向之维，即个人对民族、国家之忠诚，也有横向之维，即不同群体、个体之间的忠诚，具有"自愿""实际""彻底""自主"的特征，在伦理上凸显出"正当的优先性"。三是现代忠诚概念已不局限于伦理道德上的解释，越来越多的学科与领域开始关注它并尝试寻求共通的理解方式，其内涵越来越丰富。

总之，忠诚概念的发展由"处理个人与国家、个人与集体之间的伦理规范"向"处理人与人之间的社会伦理规范"演变。

（2）关于忠诚观培育思路与方向的研究。以忠诚观为研究对象的文献，相对较少。现有资料中，主要是从管理学角度论及员工或顾客的忠诚观，或涉及忠诚教育的经验性话语，这表明研究者只是关注忠诚的内涵、伦理特点和社会价值，即忠诚观的内容，而没有直接就忠诚观本身展开研究。在目前所看到的文献中，还没有研究者对忠诚观做出明确的规范性定义。

在相关研究文献较少的情况下，梁涌的硕士论文《社会转型期忠诚问题研究》凸显出一定的价值。梁涌认为，重塑忠诚道德要做到内化外在的社会道德规范，将外在的社会道德规范内化为个人的道德意识、道德行为、道德修养，而良心是道德规范自律发生的最高体现，因此，他认为应该在良心的基础上培养道德责任感。另外，梁涌还认为，可以通过培育坚定的理想信念、夯实个体的情感基础以及规范忠诚的机制条件来增强忠诚的理性支撑。

张善燚在《公忠论》一书中提到了培育理性公忠观的方法，主要有三点：一是忠诚方式的转换，实现由盲从到智从，他认为智从者是具有伦理自主性的人，会用道德来监控自己，用规范来约束自己，并且在整个过程中调适自己的行为与结果；二是忠诚内容的转换，实现由无限到有限，即个体应该做到忠诚于行政规律，忠诚于国家法律，忠诚于行政效率，忠诚于行政职责，忠诚于行政良知；三是忠诚价值的转换，实现由单向到互惠，即要有互惠平等的意识。

李好在其硕士论文《论行政忠诚》中，论述了行政忠诚的内涵，他认为行政忠诚在行政实践中面临着道德风险与有限理性的困境，行政"不服从"理论对于消解行政忠诚的困境有着重要的意义，这也是行政忠诚的另一种表现形式，彰显了行政个体反省的、审慎的、自我负责的伦理态度。

最后，他提出要结合知、情、意、行等道德心理过程培养行政个体忠诚的伦理认知、忠诚的道德情感以及忠诚的实践美德，从而为行政个体构建内在的、坚固的道德屏障。

（3）关于忠诚观的心理学研究。尹洋用心理学的方法和理论，编制《大学生组织忠诚观调查问卷》，对大学生组织忠诚观的特点及大学生人格与其组织忠诚观的关系进行了研究，其主要观点为：大学生组织忠诚观结构主要由七个一阶因子和两个二阶因子组成，其中，七个一阶因子为满足生存需要目标、满足交往需要目标、满足成就需要目标、组织认同、人际协调、敬业进取、组织贡献，两个二阶因子包括组织忠诚目标和组织忠诚手段。在组织忠诚目标分问卷中，各维度得分平均数的大小顺序依次为"满足交往需要目标"＞"满足成就需要目标"＞"满足生存需要目标"，这说明在设定组织忠诚目标时，大学生更看重对人际交往和成就的追求，认为这些目标比生存目标更为重要，可见中华民族传统的优良文化在当代大学生身上并未消失。在组织忠诚手段分问卷中，各维度得分平均数的大小顺序依次为"敬业进取"＞"组织认同"＞"人际协调"＞"组织贡献"，说明大学生更倾向于通过自己努力、爱岗敬业等方式方法来实现对组织的忠诚。

（4）关于大学生忠诚观培育及相关问题的研究。专门研究大学生忠诚观和社会转型时期忠诚问题的学位论文分别只有一篇，期刊论文也只有寥寥数篇。还有部分文献研究涉及与忠诚观相关的内容，如探讨大学生诚信教育、大学生价值观、大学生责任感、大学生爱国主义教育、大学生职业忠诚等，这些无疑为我们研究大学生忠诚观培育提供了宝贵的借鉴材料。但是，到目前为止，国内还没有出版过以大学生忠诚观培育为主题的学术著作。上述对本研究有价值的文献及其主要观点如下：

杨林书对大学生忠诚道德教育进行了研究。他在《试论大学生忠诚道德教育》一文中认为，大学生忠诚教育是社会主义核心价值体系教育的重要内容，大学生应该忠诚于祖国人民，忠诚于科学真理，忠诚于党的事业。

邱钰斌在其博士论文《我国当代大学生政治信仰培育研究》中关注了忠诚教育的一个方面，即大学生政治信仰问题。政治信仰是忠诚观中必不可少的一部分，他在参考其他同类研究的基础上，根据青年政治信仰形成理论，把大学生对政治上五种认同（对执政党、政府、政治领袖、意识形态、政治制度的合法性认同）的表现状况，确立为反映大学生政治信仰现实状态的主要指标。另外，他还总结出当前大学生政治信仰呈现三种正倾向与三种负倾向的特征：正倾向特征主要体现为爱国情感与社会责任感强、政治认同程度较高、对未来充满渴望与希冀；负倾向特征主要体现为信仰复杂且多元化、信仰淡漠且去政治化、信仰世俗且功利化。

程晓红在《大学生职业忠诚培养模式》一文中认为，职业忠诚是对老板、领导者个人忠诚更高层次的职业者的品质。在该文中，作者还进一步探讨了什么是职业忠诚、职业忠诚的表现以及如何实现职业忠诚等问题。

尽管从概念的使用特点和属性来看，忠诚观及其培育主要是一个伦理学话题；但直接以大学生忠诚观培育为题或立意的研究文献寥寥无几。这表明大学生忠诚观培育问题还只是一个隐含在道德教育研究中的"潜问题"，研究者更多地从道德认知的角度给予忠诚观一般性解读，没有深度研究。

2.国外关于忠诚的研究历史及研究现状

在西方社会，忠诚可以用"loyalty"（忠诚）和"commitment"（承诺）两种概念来表达，但是在学术研究中，这两个概念研究的角度则不尽相同。英文中"loyalty"起源于拉丁语的"legalis"，意思是遵从神的训诫。而"commitment"主要是指承诺，还包含信奉、献身、承担责任等意思。另外，圣经中的"fidelity"与忠诚理念相近，表示追随、承诺、服务、坚定、持久。经过演变，忠诚的含义从对神的遵从扩展到为家庭和团队利益服务的责任义务，再扩展到现代的忠于自由、组织、公平、正义和人民。

西方社会中忠诚内涵的演绎与西方社会独特的物质技术文化和传统习俗密切相关。在古希腊社会，其关于忠诚观的主流思想认为，公民必须对律法无限度、无条件地遵从，必须忠诚于城邦、忠诚于民主政治。这一时期的忠诚观主要体现在以下三个方面：一是通过建立贤人政体，实现城邦政治文明；二是政府存在的目的应该是为公民寻求利益；三是每个阶层的人必须忠于职守、恪守其职。亚里士多德认为，忠诚观应该表现为效忠于现行政体，主张公民轮番为政，要求公民忠于法律。到了中世纪，教父哲学的集大成者奥古斯丁在一定程度上统一了公民对上帝的信仰与对世俗社会的忠诚，提倡以实际行动来体现和实践对世俗社会的忠诚，另外，人们在努力实现上述忠诚的同时，本身也是对上帝的忠诚、信仰。马基雅维利认为，政治忠诚观主要体现在两个方面：一是君主必须取信于民；二是建立一支忠诚的军队。到了近代，西方政治忠诚观主要表现为"忠诚于国家""忠诚于政府""忠诚于让渡权利的人民"等，这些理念对现代政治社会具有重要研究价值和现实意义。霍布斯认为，政治忠诚观应该表现为两个方面：一是忠诚于国家；二是绝对忠诚于君主个人。英国的哲学家休谟的《人性论》一书从忠顺的起源、忠顺的限度、忠顺的对象三个不同视角全面阐述了"忠顺"思想，并郑重地提出服从执政长官是政治义务。法国启蒙思想家卢梭的政治忠诚思想表现在以下三个方面：一是主权在民的思想；二是臣民应该服从公意；三是捍卫自由是国家建设的目的。这一时期的政治忠诚观具有现代性和人性化的特点，从而确定了西方近代以来的政治忠诚关系。

进入20世纪，"loyalty"这一概念开始出现在哲学研究领域中。1908年，罗伊斯在《忠的哲学》一书中指出，忠诚从根本上来说是道德的中心原则，并将"loyalty"定义为个体为了某个目标而进行彻底化的奉献。他将忠诚的本质概括为三层要义：一是对国家忠诚；二是个体应该是自愿彻底地、专心热忱地对待某种主义；三是个体要长久地、实际地、稳定地为他的主义效劳，并把这种专心热忱表现出来。奥尔波特也强调"loyalty"是对价值观的选择，是对大家认为是好的行为的原则性坚持。艾瑞克·费尔滕在《忠诚》一书中诠释忠诚的真正内涵，直面忠诚的矛盾困境，针砭忠诚的缺失，重申忠诚的美德。他认为忠诚是一种美德，而不是一种义务，忠诚具有感情色彩，需要求助于人的意志而不是理性。

另一个相近的概念是"commitment"。在西方的组织研究领域,"commitment"是指将个人与跟某对象相关的行动联结起来的力量,反映了个人对该对象的一种心理依附。相较于"loyalty"在哲学研究领域侧重于对忠诚价值的探讨和在组织管理领域侧重于对忠诚行为的研究,英文文献中关于"commitment"的研究更接近中国的忠诚概念。从内涵上看,西方的承诺和中国的忠诚都反映了个体对某一实体对象的态度;从对象上看,这两种态度都可以指向组织、团队、主管等多个实体;从基础上看,这两种态度都可以出于对目标和价值观的认同内化、对成本收益的理性算计、对社会规范的服从遵守等多种动机,只不过西方的承诺强调利益算计,中国的忠诚更强调社会规范。总体来说,西方的承诺和中国的忠诚虽然研究侧重点不同,但是这两个概念的内涵和结构是相似的。另外,西方早期的研究者将忠诚区分为忠诚态度和忠诚行为,不过目前大多数研究都侧重于忠诚态度层次,并认为忠诚行为是忠诚态度的一种外在表征。

在人类历史文化发展的长河中,忠诚既是个体遵从的基础性美德,也是社会重要的公共伦理,而忠诚观的形成不仅需要个体原发性道德动力的推动,还需要道德教育的引导,虽然这种教育呈现出多样性特征,但这种多样性终究还是要体现在对个体的教化、对美德的尊重、对规范的遵守等方面。可以说,忠诚观培育实质上就是道德教育。

罗伊斯在《忠的哲学》一书中专门分析了"训练忠诚",他认为人在儿童期有忠诚思想的萌芽,成人应该加以保护,而真正进行忠诚教育的时期应该是成年的时候,只有"成熟的生活"才能完成忠诚教育。他认为训练忠诚要从三个方面入手:一是个人领袖的影响可以训练人们的忠诚,并且使个体充满生机;二是训练忠诚的高级形式,即主义的理想化;三是忠诚需要经过对主义的努力、劳碌、牺牲才算完成。

西方关于大学生忠诚观培育的研究,笔者目前尚未检索到相关外文文献。在已经翻译过来的相关文献中,也没有关于大学生忠诚观培育的直接表述。因此,笔者在研究忠诚观时无法获取有效的国外资料,这也是本研究的一大缺憾。

综上所述，中西方理论界对忠诚问题的研究重点有所不同。虽然缺乏对大学生忠诚观培育直接研究的理论支撑，但现有资料可以为大学生忠诚观培育提供一定的学理基础和研究思路。

（二）国内外关于忠诚研究存在的问题及发展趋势

1. 研究存在的问题

问题之一：忠诚观培育问题基本隐含在道德教育的话语环境中，还未能形成独立的研究领域和研究方法。另外，关于忠诚观的概念定义、内容结构、衡量标准、价值评判等仍处于研究的起步阶段，对于应该运用何种理论来作为研究的理论支撑也处于探索阶段。

问题之二：缺乏专门研究大学生忠诚观培育的文献资料。在已有的相关文献中，大多是以企业员工、行政人员、夫妻的忠诚为题的经验性、应用性研究文章，这些文章的共同特点是缺乏学理和理论研究的支持。

问题之三：大学生忠诚观培育尚未形成独立的问题域，这表明忠诚观研究还未能全方位展开，没有进入微观状态，而微观状态是深度研究的标志。

2. 发展趋势

趋势之一：中国传统文化研究更为关注忠诚问题。就目前可查的资料来看，人们尚未对大学生忠诚观培育进行学理性研究，但是对传统文化中忠诚问题的探讨，特别是对忠德、忠恕、忠正、忠善等具有传统意蕴词汇的解读逐渐见于各大报端，这足以显示人们对忠诚相关问题的关注度逐渐提高，忠诚也将会成为学界研究的热点之一。

趋势之二：社会主义核心价值观的内容体系与忠诚问题联系较为紧密，但目前研讨较多的还是诚信问题，因此，用忠诚的传统内涵去涵养社会主义核心价值观也是研究的必然趋势。

趋势之三：高校目前正在全面学习社会主义核心价值观，并开展优秀传统文化教育，这为大学生忠诚观培育提供了良好的空间。忠诚作为传统文化重要的组成部分，必然会成为大学生传统文化教育的重要内容，忠诚观培育作为一种价值观教育是对大学生进行道德教育的重要途径。因此，高校开展忠诚观培育将成为大学生思想政治教育的重要任务之一。

三、研究的创新之处、目标及意义

（一）创新之处

1.选题创新

在全国上下掀起全面学习与践行社会主义核心价值观高潮之际，中华优秀传统文化的传承与发展也正在如火如荼地开展着。在这一背景下，研究大学生忠诚观培育既是当代中国社会赋予理论界的时代使命，也是思想政治教育过程中的一项开创性研究工作。就目前可查到的相关文献来看，重庆大学尹洋的硕士论文《大学生组织忠诚观的实证研究》与本书的相关度最高，但本书的选题和立意均与其不同。另外，还有一些关于忠诚道德的文章，较多局限于企业员工忠诚、行政人员忠诚、夫妻忠诚等方面，几乎没有涉及大学生忠诚观培育，而且已有的相关度较高的文章也不及本书的视野开阔与立意集中。

2.内容创新

本书内容的创新之处主要体现在两个方面：一是在实证访谈的基础上总结出大学生忠诚观培育中存在的问题，开拓前人尚未涉及的研究工作，并且从部分社会思潮的影响、忠诚文化传承的困扰以及忠诚度自身可能存在的递减规律等方面去分析成因。二是开创性地选择了"综合择优"的基本思路，力争让大学生忠诚观培育不再局限于理论研究，而是更具有操作性，探索出大学生忠诚观培育稳定而有效的实践范式。

3.方法创新

本书坚持以"问题意识"为研究导向，用马克思主义理论为指导，运用哲学、教育学、心理学、社会学等理论与方法，将实证调研与理论分析有机结合，将历史与现实相互融通。本书通过对大学生忠诚观培育现状的调查，分析大学生忠诚观培育过程中存在的问题，探寻产生这些问题的原因，并寻求相应的理论支撑，以期探索大学生忠诚观培育的实践路径。

（二）目标

（1）解析忠诚的价值内涵，并在此基础上提炼出当代大学生忠诚观的定义，从而为大学生忠诚观培育奠定理论基础。

（2）探究忠诚观的核心内容，如忠诚对象、忠诚程度、忠诚类别、忠诚差异性、忠诚形成的影响因素、忠诚方式等，以便形成关于忠诚观问题的整体认识，从而为大学生忠诚观培育提供扎实的内涵支撑。

（3）明确当代社会忠诚观面临的困境与冲突、忠诚观培育遭遇的现实问题，从而提高大学生忠诚观培育的有效性和针对性。

（4）了解当代大学生忠诚认知现状及忠诚观培育现状，探索大学生对忠诚观的理解程度，以便选择恰当的忠诚观培育方式，帮助他们树立正确的忠诚观。

（5）进一步发掘、整合中西方忠诚文化资源，多维度深入大学生忠诚观培育实践，为高校思想政治课教学以及思想政治教育工作提供理论与现实的借鉴。

（三）意义

1.理论意义

（1）进一步挖掘忠诚及忠诚观的理论内涵，有助于丰富道德教育理论，为高校思想政治理论课程教学中的大学生忠诚观培育问题提供理论借鉴。

（2）对中西方忠诚文化的演进历史进行梳理，有助于中国优秀忠诚文化的历史传承与现代转换，从而为大学生忠诚观培育提供忠诚文化资源。

（3）有助于丰富大学生忠诚观培育的研究内容。目前与忠诚观培育相关的研究主要集中在行政忠诚、组织忠诚、就业忠诚等方面，对于大学生忠诚观培育，几乎没有系统的研究成果问世，而这恰恰是本书研究的价值所在。

2.实践意义

（1）有利于完善现代社会的道德秩序。当代社会价值多元化，忠诚危机凸显。忠诚作为重要的传统政治道德之一，如何更好地融入现代社会，如何在现代社会中找准位置，如何最优化呈现自身的能量，是很值得学术界讨论的问题。

（2）有利于化解人们心中关于忠诚问题的诸多困惑。本书试图从伦理学、社会学、教育学、心理学、管理学等学科中寻找解决问题的途径，以拓展思想道德领域的研究空间，完善思想道德教育的学科体系，为我国高校思想政治教育提供有益的借鉴。

（3）有利于提高大学生的思想道德素质。忠诚是思想道德中较为核心的要义和原则，在忠诚观培育中可以让大学生分析自己的忠诚道德思想，改正不良的思想行为，确立忠诚目标，自觉自愿地实现忠诚思想所赋予的"责任心""使命感"。

（4）有利于解决忠诚度降低问题。研究大学生忠诚观问题可以探寻部分大学生忠诚度降低、忠诚观缺失的原因，为社会道德领域出现的问题提供新的思考路径，重塑和培育当代社会所需要的忠诚观。

四、主要研究方法

1.文献分析法

通过对古今中外有关忠诚、忠诚观培育等相关文献的搜集和研读，确定本书的研究方向和目标，并在此基础上厘清大学生忠诚观培育相关问题的研究思路，分析大学生忠诚观培育的一系列问题。

2.访谈法

本书的访谈法主要用于调查大学生忠诚认知现状及忠诚观培育现状，访谈对象包括大学生、高校思想政治理论课程主讲教师、高校辅导员，通过制订访谈问卷，以团体座谈、个别访谈的形式开展调研。

3.定量与定性相结合的研究方法

对搜集的大量有关忠诚的史料及现代文献进行思维加工，主要运用历史分析法、唯物史观分析法、辩证法、社会学分析法等方法进行"质"的分析与比较。同时，根据访谈内容，运用数据分析大学生忠诚认知现状及忠诚观培育现状，揭示并描述大学生忠诚观培育存在的问题及发展趋势。

第一章

忠诚观及忠诚文化

在本研究的初始阶段，必须厘清核心概念——"忠诚观"。众所周知，忠诚观作为一种社会价值观的存在，它的形成不是一蹴而就的，而是在忠诚文化长期的演变与发展中根据社会的需要、人类的需求逐渐形成的。忠诚观的形成与特定的生产关系、生产力以及时代背景息息相关，从忠诚思想的萌发到忠诚观的形成，无不浸染着忠诚文化的气息。据此，本章将围绕"忠诚观"及"忠诚文化"这两个概念展开研究，逐步揭开大学生忠诚观培育的面纱。

第一节　忠诚观相关问题解析

本节聚焦忠诚观相关问题，主要解析忠诚及忠诚观的概念与内涵、忠诚观的类型、忠诚对象的特质、忠诚行为的评价标准及评价指标等问题，旨在全方位、多角度地挖掘忠诚观的内涵与外延，从而为大学生忠诚观培育提供坚实的学理基础。

一、忠诚及忠诚观的概念与内涵

（一）关于忠诚

1.概念释义

东汉著名经学家马融所著的《忠经》，不仅反映了两汉时期有关忠德问题的主要内容，还标志着春秋时期所产生的忠德观念已发展成为较系统的、完整的忠德学说。《忠经》把"忠"说成是天地间至理至德，是评价人们行为的最高准则。"昔在至理，上下一德……天之所覆，地之所载，人之所履，莫大乎忠。""善莫大于作忠，恶莫大于不忠。忠则福禄至焉，不忠则刑罚加焉。"《说文解字》曰："忠，敬也，尽心曰忠。""忠"，即从心中生成的敬意。在中国古代话语系统中，"忠"通常被理解为做官时的态度和行为，但在更为宽泛的意义上，也包括对自己、他人甚至一切外物的内在情愫。"忠"要求人们尽己无私，为人处世尽心尽力。

《礼记》是较早阐述"诚"要义的典籍，"所谓诚其意者，毋自欺也。

如恶恶臭，如好好色，此之谓自谦。故君子必慎其独也"。"诚"，是诚实无妄，不自欺，表里如一，是一种对善的坚定信念和真实感情。"诚"要求人们修德做事，必须做到真实可信，说真话，做实事，反对欺诈、虚伪。如果说"忠"主要是通过行为来传递，那么"诚"更多的是内心意愿的表达，是"忠"的内在延伸。"诚"可分为两类：一是本体之"诚"。这种"诚"源于人性固有的善端，是善最原始的存在。本体之"诚"相信外界事物的美好，是一种原始未被洗礼的"诚"，这种"诚"的表现不需要外在因素的推动，仅仅是一种发自内心的自愿，具有一定的自发性。二是道德之"诚"。这种"诚"是具有内在德性的，是理性的"诚"，而非盲目的"诚"。这种"诚"仍然秉承着其"诚实无妄，不自欺，表里如一"的特征，它从本体之"诚"中提取与客观环境更为吻合的因子，让"诚"更具有自觉性。

南宋理学家朱熹对"忠"的理解为：为人谋时，竭尽自己之心。这个便是"忠"。《朱子语类》中有这样的话："问：'如此，则忠只是个待人底道理？'曰：'且如自家事亲有不尽处，亦是不忠。'""忠只是尽己。""自中心发出来便是忠……自其发于心谓之忠。"朱熹还认为，"诚"是"尽去人欲，全是天理，方诚"。关于"忠"与"诚"的关系他做了以下论述："诚"是心"一于天理"的表现，是一种静态的描述，而"忠"则是将"一心"表现出来，是一种动态的展示；"诚"是心之本体，而"忠"则是尽全力将本体"心"表现出来；"诚"是本然，是人自然之本性，而"忠"是合力，虽含天理，可"心"与天理的结合还尚未纯熟，所以仍需人的主观努力，以求实现"心"与"理"的合一。朱熹还认为，第一性的"诚"强调个体修为，需要"静"与"自然"两种环境支持，这在人际交往简单、具有天然人伦秩序的古代社会较容易实现，但是在复杂多变、人际关系繁杂的社会却不易实现。因为人们很难再保持那种"自然""安静"的纯然空间。这为"忠"取代"诚"的第一性位置提供了契机，"忠"能为人们提供交往规则、秩序规范。当然，"忠"作为第一性特征并不具有排他性，它需要"诚"的支持，与"诚"相结合才能展现其本质内涵。

"忠诚"是"忠"和"诚"的组合，最早见于《荀子·尧问》中的"忠诚盛于内，贲于外，形于四海"。"忠诚"一词在千百年文化演进中逐渐成为执着、奉献、无私的代名词，是一种社会规范、一种文化符号。通过对"忠"与"诚"的概念释义，笔者认为忠诚即人们在理性的指导下，自愿、绝对、彻底地对选择某个组织、某个事业或者某个人尽心，并据此来履行自己的社会责任与义务。在这个过程中，人们通过自身的认知不断地对忠诚对象产生信任与爱的情感，从而表现出不受外力因素影响的专一的尽职尽责的行为，这种行为一部分源于道德律令，一部分源于内心的自发驱动。

2.内涵解析

通过对"忠"与"诚"概念的解析，我们可以厘清"忠诚"的本质内涵：一是忠诚的对象可以是具体的人，或者是某个具体的组织，抑或是某种信仰、目标，等等；二是忠诚的态度是自觉自愿的；三是忠诚的观念和行为在具体的事件中体现出来。因此，"忠诚"的本质内涵既包含着"忠"的行为特征，又包含着"诚"的情感特征。下面将从忠诚的道德责任、情感寄托以及行为理性等方面来理解忠诚的本质内涵。

第一，忠诚的道德责任。《世界伦理道德辞典》认为，道德责任是"人们为自己行为的善恶所应承担的责任"，"它包含两方面的含义：一是指在一定道德意识的支配下，人们对社会、集体和他人自觉承担的责任；二是指人们对自己行为的过失及其不良后果在道义上应承担的责任"。忠诚是个体作为社会成员所履行的责任和义务，强调的是自觉自愿，是人们主动践行的义务。从宏观上来看，忠诚是对自己、他人、社会乃至整个民族有利的行为。当人们选择了忠诚对象后，就必然要全力以赴，承担起更多的带有强制性、必须履行的义务。于是人们只有做出与之相应的行为，才能获得满足感、成就感，而一旦违背了这种义务，则会产生内疚、不安、羞愧等情绪。随着义务感的增加，个体会逐渐将践行忠诚时应该具备的观念与行为慢慢转化为自己的思维方式和行为习惯，最终成为生命中必不可少的一部分。至此，义务感已提升为责任感，被赋予了责任的忠诚思想，则会使个体更加真诚无私。中华民族的富强与中华儿女敢于担当、恪尽职守的责任意识密不可分，这种责任意识、担当精神就是对民族和国家的忠诚。另外，道德责任感有效地降低了不忠诚行为发生的概率，当人们试图选择不忠诚行为时，就会权衡自己是否是个不负责任的人、是否是个没有道德的人，一旦做不了忠诚行为，则需要接受道德谴责，甚至还要承担法律责任。因此，道德责任感无形中为忠诚添加了精神约束，让忠诚行为更具责任心和正义感。

第二，忠诚的情感寄托。美国当代经济学家罗伯特·弗兰克在研究"囚徒困境"①中人们的行为时得出结论：情绪和情感是多数人采取行动最为直接的原因。"个体的道德情感是作为道德主体的个人，为自我实现和自我发展遵守某种道德时而产生的内在情感体验，是个体行为的内在道德法则的情绪化，具有强烈的个体性。"②道德情感中的是非感、义务感、责任感、公正感、友谊感、诚实感和事业感为忠诚思想构建了强有力的情感场域。在这样的场域中，人的思想经历着由"知"到"信"再到"爱"的演绎升华，最终达到"诚"。所谓"知"，有两层意思，一是知道，二是知识。知道是指人们知道自己忠诚的对象，知道自己为什么选择忠诚，知道有理性的忠诚行为是人类进步、社会和谐的重要保障。这种"知道"建立在对客观事物理性公正的评判之上，是人们在追求自身理想信念的过程中所实现的道德认知。而知识是美德的基础，知识贯穿于一切美德之中；美德不是孤立存在的一些观念和准则，任何美德必须具备相应的知识，无知的人不会真正有美德③。这表明美德的本性是知识，人的理智本性和道德本性是同一的。道德知识是传递道德情感的原动力，道德情感也会随着道德知识的深入而越来越丰富。缺乏道德知识不仅会造成道德认知偏差，还

---

① 囚徒困境：两个共同作案的人都被警察逮住了，但警察没有确切的证据指控他们。警察把这两个嫌犯分开单独审问，给出以下的选择：(1)如果你认罪，并作证检举同伙，而你的同伙却没有举报你，那么你的同伙就会被判入狱10年，而你将无罪释放。(2)如果你们互相检举对方，那么每个人将获刑7年。(3)如果你没有告发你的同伙，而他告发了你，那么你将承担所有罪行，入狱10年。(4)如果你们两个人都保持沉默，那么你们两个人都将只获刑6个月。两个人共赢的最佳方案就是都保持沉默，如果这样做，他们两个人入狱的时间加起来才1年。

② 李建华.道德情感论：当代中国道德建设的一种视角[M].北京：北京大学出版社,2011：113.

③ 高媛媛,汪贻洋.高校辅导员正性道德情感刍议[J].思想政治教育研究,2014(6)：138.

会滋生不道德行为。"信"是指让人信任，既包括个人的诚实品质，也包括他人对自己的信任态度。"信"与"诚"一脉相承，"诚，侧重于内心的修养，是道德；信，侧重于外在的行为规范和待人态度"①。在"知"的基础上建立的"信"，有着厚实的生长土壤，能维持人与人之间最为根本的信服，传递着"信"的行为"才能产生诚实守信的为人、待人、治人、化人的社会价值。而一个人也只有通过为人、待人、治人，也就是通过真心诚意、修身齐家、治国平天下的具体途径，才能实现或达至人性提升、人格完善和社会人伦建构的最高境界，即'诚'"②。而"爱"则是"信"与"诚"的情感纽带，爱缘于信，信坚于爱，因为爱的存在，人们之间的信任感增强，而有理智的爱则会更为真挚，更加深沉久远。个体的忠诚意识因为"知"而丰富，因为"信"而坚固，因为"爱"而坚定。因此，离开情感的忠诚是不存在的。

第三，忠诚的行为理性。理性是忠诚的重要特征。忠诚如果缺少理性，则是盲目的，也就是人们常说的愚忠。因为理性，忠诚者才能时刻保持清醒的头脑，才会做出正确并符合道义的行为，不冲动、不盲从。"言必信，信必果"是对忠诚最为贴切的形容，而"竭尽全力，鞠躬尽瘁，死而后已"则是忠诚行为的极致表现。在理性的基础上，人们的忠诚行为应该做到：忠诚于国家——把国家的利益放在至高无上的位置，听从国家的召唤，服从国家的安排，对祖国心怀敬畏，自觉维护国家利益，全心全意为人民服务，树立民族自尊心和自豪感，坚决捍卫民族团结、共同繁荣的大好局面。忠诚于党和人民——中国共产党是中国人民和中华民族的先锋队，代表中国先进生产力的发展要求，代表中国先进文化的前进方向，代表中国最广大人民的根本利益。我们要坚定不移地跟党走，自觉贯彻党的路线、方针、政策，为人民服务，让人民生活得更幸福。忠诚于事业——每个人都会在自己的事业中追求梦想，事业是个人实现自我价值的平台，干一行爱一行、尽心尽力、无怨无悔、踏踏实实地做事就是最好的忠诚行为。忠诚于同事、朋友、亲人——与身边的人相处应保留一颗仁爱、诚实

① 陈绪新.信用伦理及其道德哲学传统研究[M].北京:中国社会科学出版社,2008:94.
② 陈绪新.信用伦理及其道德哲学传统研究[M].北京:中国社会科学出版社,2008:94.

之心，不嫉妒，不猜忌，以诚待人。可以说，忠诚因为有了理性，才能最大限度地彰显其本义。

(二)关于忠诚观

1.概念释义

在有关忠诚及忠诚观培育的文献中，研究者尚未对忠诚观的概念给出明确的规范性定义，也没有文献对忠诚观展开专门性研究。实际上，忠诚观是一种观念，主要关注个人与社会对忠诚伦理的理解与认同情况以及对忠诚行为的现实践行。罗伊斯在《忠的哲学》中说，一个人专心热忱地对待一种主义，那便是忠。一个人要忠诚，首先，必须有某种主义成为他忠诚的对象；其次，他自愿彻底地、专心热忱地崇奉这个主义；最后，他长久、实际、稳定地为他的主义效劳，并把这种专心热忱表现出来，即个体在保持对某种主义绝对忠诚的基础上，拥有自愿彻底的精神力量，并且能在行为上有所表现。个体要想忠诚必须找到忠诚对象，要从观念上认同它。因此，个体忠诚观的形成源于道德认知。个体忠诚观是个体对忠诚内涵、价值以及评判标准所建构的认知系统，它为个体忠诚行为的产生和保持提供了基本原则和价值导向，也为个体忠诚行为提供了价值基础和道德动力，是个体忠诚道德长期存在并产生深远影响的有力保证。

笔者认为，忠诚观是关于忠诚内涵、价值以及评判标准的系统性认识，是主体对忠诚问题的态度与看法、观念与理论。忠诚观有以下两个特点：一是单向性。忠诚观的单向性是相对于双向性而言的，指个体在选择忠诚对象后表现出执着单一的尽忠观念。对于尽忠的个体来说，无论忠诚对象是否给予回报，都能自始至终地保持这种观念。单向性是忠诚观的本质特征，是忠诚观得以实现的思想保证。这一特点能让个体的注意力高度集中在忠诚对象上，激发个体内部潜存的敬畏感、无私感、效忠感、良心感，从而表现出自愿彻底的专心热忱精神。二是长期性。忠诚观的长期性是指其作为一种价值取向将伴随着个体整个生命历程。忠诚观的形成过程复杂，从观念萌芽到最终成型可能会遭遇各种困境，甚至会面临价值取向上的争斗。随着时间推移，加上个体道德认知水平日渐成熟、个体经验累积以及适时恰当的教育，忠诚观的发展会更为积极向上、更为完善，并且表现出鲜明的原则性和稳定性。这种具有成熟理性的个体忠诚观既是个人的善，也是社会的善，不仅有利于提升社会整体忠诚度，还有利于国家的和谐稳定。

2.内涵解析

研究忠诚观培育要清楚忠诚观的内涵，这样才能更好地研究与其相关的问题。下面将从知识和价值两个维度来探讨忠诚观的内涵。

首先是知识维度。

这一维度主要探讨"忠诚观是什么"的问题，是关于人们对忠诚知识的理解认识和事实判断。知识的实质、形式与旨趣构成了知识的三个维度。人们接受知识的过程就是内化知识实质，把握知识形式，理解知识旨趣，转识成智，化知为能。笔者认为，内容是实质的重要组成部分，形式是内容的外在体现，旨趣是人们的一种兴趣偏好，表达出人们对待事物的态度。因此，用知识维度研究忠诚观可以分为三个层次：一是人们对忠诚内容的理解；二是人们对忠诚形式的理解；三是人们对忠诚行为评价标准的理解。

（1）对忠诚内容的理解。理解忠诚内容，就是在知晓忠诚语义学含义的基础上，对其内涵进行扩充认识，同时还要认真分析不同层次、不同形式的忠诚行为。忠诚作为社会重要的道德规范，是一种约定俗成的社会道德文化，人们不会因为没受过忠诚教育而不懂得忠诚，但是对忠诚理解认识的水平则与个体思想发展的成熟度以及忠诚教育所产生的影响力密切相关。

（2）对忠诚形式的理解。忠诚形式是忠诚行为的表现方式，传递着人们的忠诚思想和忠诚情感。忠诚形式的表现，一是通过言语表述，即忠诚观念的表露，如各类誓词，体现了人们对忠诚对象的专心热忱，无二心；二是通过行为来展现自身的忠诚观念，这是检验思想内容是否正确的重要途径。借助忠诚形式，忠诚内容才能不断地得到充实、丰富，其形成过程与结果表征也可能会更加规范。

（3）对忠诚行为评价标准的理解。在掌握忠诚内容和形式的基础上，人们需要有自己的忠诚行为评价标准。由于具体事件的差异性、个体道德思维水平发展的参差不齐，人们对忠诚行为的评价标准有所不同。在后文中，我们将根据"两个路向"和"四个基本维度"探讨忠诚行为的评价标准和评价指标。无论是"对他"还是"对己"，忠诚行为的评价标准与"四个基本维度"紧密相连，并呈现由低到高的发展趋势。总的来说，忠诚行为评价标准要依据社会普遍认可的道德准则来确立，道德准则越明确、道德思维水平越高，则建立的忠诚行为评价标准也会更加清晰。

综上所述，人们通过对忠诚内容、忠诚形式以及忠诚行为评价标准的把握，从知识的角度丰富了忠诚观评价体系，完善了忠诚观的理论结构。但是由于不同个体对忠诚观内涵的理解程度差异较大，也会导致人们对忠诚观的理解呈现个性化。

其次是价值维度。

所谓价值，是指主客体之间，客体是否满足主体的需要、是否同主体相一致、是否为主体服务的一种关系状态[①]。从价值的维度来分析忠诚观，主要关注在社会生活中，忠诚是否满足主体的需要，是否同主体相一致，是否为主体服务。进一步来说，是探讨忠诚在人们具体社会生活实践中是否具有意义，具有何种意义。对忠诚价值的判断和建构可以从社会和个人两个方面来分析。

（1）关于忠诚的社会价值。个体对忠诚社会价值的判断主要通过忠诚对社会所发挥的作用、忠诚对社会结构的合理构建以及对社会行为方式产生的影响来衡量的，并关注忠诚能否改善社会结构、优化社会行为、提高社会忠诚度、增强社会的团结合作。个体对忠诚社会价值的判断意味着个体社会意识水平的提升，说明个体能够打破自身追求价值的局限，开始从社会群体的角度来思考问题，注重社会整体利益。个体对忠诚社会价值的关注将会引导个体关注社会忠诚的建设和社会制度与规范的完善，并积极

[①] 李德顺,孙伟平.道德价值论[M].昆明:云南人民出版社,2005:57.

参与制度建设，提升自己的社会责任感。

（2）关于忠诚的个人价值。忠诚的个人价值主要关注忠诚对个体的有用性，也就是个人选择忠诚的理由。忠诚的个人价值可以从功利论和义务论两个角度进行分析。边沁的功利原则提出，"当我们对任何一种行为予以赞成或不赞成的时候，我们是看这一行为是增多还是减少当事人的幸福；换言之，就是看该行为增进还是违反了当事者的幸福"[1]，功利主义者把每一个人的欲望和爱好都视作同等无偏见的基础，把每个人都当作自在的目的而不仅仅当作工具。从功利论角度分析，笔者关注以下几个问题：人们为何选择忠诚？忠诚能为个体带来什么利益？按照边沁的功利原则，只要忠诚能给个人带来最大幸福感，忠诚就会被人们从思想上接受，从行为上践行。而康德的义务论则为我们提供了另一个视角，他提出了三个道德命题：①只有出于责任的行为才有道德价值；②一个出于责任的行为，其道德价值不取决于它所要实现的意图，而取决于它所被规定的准则；③责任是由于尊重规律而产生的行为必要性。现代社会中，个人对忠诚价值的认同主要依赖于长期传统文化的影响以及自身漫长的道德养成氛围，在个人的思想中，忠诚是一种社会规则。有一些规则，没有它们的话，人类生活根本就不会存在；还有一些规则，没有它们的话，人类生活甚至会以一种最低限度的文明方式继续下去。这些规则就是说真话、遵守诺言和起码的公正原则[2]。从这个角度来说，忠诚是个人必须遵从的准则，是一种无法回避的道德义务。

二、忠诚观的类型

通常来说，忠诚观由社会忠诚观与个体忠诚观组成。社会忠诚观是一个国家或民族长期形成的对忠诚理念的社会认同和价值取向，是在个体忠诚观形成发展的基础上凝练出来的忠诚共识，代表着一种社会主流的忠诚价值认知。个体忠诚观是指个体对忠诚的理解、态度与价值判断，以及忠

---

① 高国希.道德哲学[M].上海：复旦大学出版社，2005：189.

② 麦金太尔.伦理学简史[M].龚群，译.北京：商务印书馆，2003：149.

诚对个体的思想、行为、生活所产生的重要影响。个体忠诚观的形成依据为个体的生活经验、个体的道德思维水平、个体对社会主流价值观的认同以及个体受教育的水平。

社会忠诚观是在个体忠诚观的基础上形成的，代表的是绝大部分个体一致认同的忠诚观。个体忠诚观在社会忠诚文化的熏陶和浸润中被培育，而社会忠诚观的形成和演进也要从个体忠诚观中汲取精神的养料。可以说，社会忠诚观与个体忠诚观既有区分，又联系密切，相互影响。

研究大学生忠诚观培育问题，必须要透过忠诚观的外在表现去弄清楚忠诚观是以什么样的形态存在的，什么样的忠诚观才是我们应该培育的，不同类别忠诚观究竟有着怎样的精神支撑和内容体系。本书的研究对象为大学生，并不是研究每个大学生的忠诚观，而是将大学生作为一个"集群"或"个性化的整体"进行研究，仍然属于个体忠诚观的范畴，本书即是在此基础上探讨这个"集群"在成长过程中接受忠诚观培育的可能性。那么在忠诚观培育中，究竟有哪些本质内涵隐藏其后呢？下面我们将从伦理忠诚观（分为规范伦理忠诚观和美德伦理忠诚观）与政治忠诚观两个方面加以分析。

（一）伦理忠诚观

1.规范伦理忠诚观

规范伦理是关于义务和价值合理性问题的哲学研究。规范伦理忠诚观是指将忠诚视为社会运行必需的、重要的规则，是人们应该遵守的规则，引导人们走向行为上的善。规范伦理忠诚观的理论来源主要由现代道义论（义务论）与功利主义理论（功利论）构成。现代道义论关注道德行为动机，不注重行为的后果，诉诸一定的行为规则、规范及标准，其理论的核心是义务和责任，强调的是行为本身是否有善。功利主义理论则关注行为的后果，能增加最大快乐值的即为善，反之即为恶。两者观点相异，但本质都是以人的正当权利的满足与维护为目的、为归宿的，追求社会正义。根据规范伦理忠诚观的理论来源，可将规范伦理忠诚观分为道义论忠诚观和功利主义忠诚观。

西方现代伦理学认为，现代道义论是指人的行为必须遵照某种道德原则或按照某种正当性去行动的道德理论。也就是说，一个行为的正确与否，决定因素是行为的动机是否是善的以及行为本身是否体现了预设的道德标准，而非行为产生的后果。人们行为的道德价值首先在于其伦理意义上的正当性，也就是说该行为与一定的社会道德原则相吻合，这种社会道德原则具有社会共识性，是社会普遍遵守的价值准则。这其中包含着两层意思：一是表示行为具有规范化；二是行为既然遵循道德原则，道德原则也赋予了行为正当的权利、义务，使行为具有法律效应，那么行为本身也便具有了善的本质。

道义论忠诚观具有以下五个特点：一是整体性。所谓整体性，是指忠诚观符合人类整体利益，与国家法律规范相一致，并且符合社会伦理道德规范所规定的道德权利与义务。这种忠诚观是人类善的表现，体现的是人类对"忠于唯一"的美好追求。二是普遍性。所谓普遍性，是指忠诚观是一种普遍的、基本的社会道德观念，忠诚观念正确与否不是由忠诚行为的后果决定的，而是取决于忠诚本身是否与道德原则、道德规范相一致。忠诚是人与人之间最基本的交往准则，也是人们应该遵循的普遍的道德准则。三是特定性。任何一项道德原则或道德规范只能适用于特定的社会，这是当时社会成员普遍的契约共识。纵观历史，忠诚观也经历过从极端到理性的演变过程，究其原因，更多的是由当时特定的社会文化、价值观念所决定的。四是动机性。道义论忠诚观强调引发忠诚行为的动机是正义的，而不管忠诚行为所带来的结果是好还是坏。五是绝对性。忠诚作为一种普遍的社会公德，蕴含着丰富的社会正义，忠诚可以让人与人之间的交往得到更多的权益保障，让社会道义得以维护，让社会稳定得以维持。

现代道义论的本质包括两个方面：一是道德行为符合道德原则，具有规范化；二是道德原则让人们的权利与义务更明确，并能公正地进行权利与义务的对等分配。忠诚观是人对忠诚的基本看法和态度，是人与人交往所必须遵循的准则。从现代道义论的角度来说，首先，要确定忠诚行为的动机是否符合道德原则，如果符合，即使其行为结果是不好的也不是很重要；其次，在忠诚行为的践行过程中，忠诚本身就是对人们权利的一种保障，能够帮助人们较好地维护自己的正当权益。

因此，道义论忠诚观作为公共生活的基本规范，承担着传递善与公正的使命。通常来说，忠诚的具体内容主要包括"对党忠诚""对国家忠诚""对人民忠诚""对事业忠诚""对家庭忠诚"。这些内容一部分变身为社会交往的根本原则，成为社会约定俗成的道德规范；一部分则变身为法律条文，从法律规范和管理规范上对公民行为产生约束，明确告诉人们什么是该做的，什么是不该做的，一旦背离忠诚将要承担后果，甚至受到惩罚。由此可见，忠诚可以引导人们贯彻道德上的善，将人们的心灵、精神引导到符合社会道德规范的路径上，让人们能够自觉地遵守社会法制、不做不忠诚之事。

功利主义者认为，人应该做出实现最大幸福的行为。所谓"最大幸福"并不都是行为者本人的最大幸福，而是全体相关人员的最大幸福。边沁的功利原则认为，每个人的动机都在于求快乐，若这个动机产生的行为能够带来快乐的结果，那么这个行为就是合乎道德的行为。忠诚思想本身是符合伦理道义的，从根本上来说，忠诚是双方的行为，是互惠的。以功利主义来评价忠诚行为，就是当且仅当忠诚行为产生最大幸福的时候，这种行为才是正确的；反之，忠诚行为产生了坏的结果，则这种行为是不可取的。密尔对边沁的功利主义理论进行了修正与发展，他将德性引入功利主义，强调德性就是幸福。同时，密尔还意识到正义理念阻碍人们接受功利主义思想，于是开始寻找正义理念与功利主义共有的特性。"正义理念包括两个方面：行为准则和支持该准则的情感。准则为全体人所共有，旨在为全体人谋善。而情感则表现为渴望惩罚那些违反准则之人。"[1]密尔的最大幸福以正义论为基础，强调个人拥有平等的权利和绝对的规则，体现了功利主义理论与现代道义论的完美融合。从这个角度分析，某种忠诚观所引发的忠诚行为带来的结果应该具有正义性，而不是仅仅以大多数人的

---

[1] 穆勒.功利主义[M].叶建新，译.北京：九州出版社，2007：121.

幸福为评价标准。

根据以上观点，可以发现，功利主义可分为行为功利主义和规则功利主义。行为功利主义认为："所有的人及其处境都不相同，不可能为行为制定统一的道德规则。人在选择行为时，必须估量自己的处境，直接根据功利原则行动，即选择一种不仅为自己，而且能为所有与此相关的人带来最大量的好结果，并能把坏结果减少到最低限度的行为。"①显然，行为功利主义强调道德选择的相对性，否认道德规则的普遍性。它关注在特定的情境下，如何做才能增加人们的幸福指数，或者是如果每个人都按照自己此时遵从的道德律去做世界会变成什么样；如果不忠诚能带来更多利益的话，则这种不忠诚行为也要受到支持。据此，如果是行为功利主义在忠诚观的形成中占据主导地位，则可能会让个体的忠诚陷入一种较为偏执、狭隘、自私的境界，无法体现出忠诚本身所具有的要义。

规则功利主义强调，只有在规则合理化的前提下才能实现真正意义上的、正性的最大化幸福。它关注的是倘若每个人都遵从统一的道德规则，那么就会产生最大化的幸福。规则功利主义认为，人们的行为不仅要促进最大化的善，还必须要遵循道德规则。即使可能产生不好的结果，但只要能带来更多的善，就要坚持这一普遍的道德规则。如果在特定的情况下，人们选择背离规则而获得利益，则会破坏社会固有的道德结构。规则功利主义忠诚观将人与人之间的忠贞不贰、相互信赖作为不可违抗的社会交往原则，以功利原则评判忠诚，从而使忠诚成为社会普遍信守的道德规则。规则功利主义对忠诚的理解是基于忠诚行为是否具有有效性，即是否能让社会获得"最大限度的利益"，增进"最大多数人们的幸福"。忠诚作为人与人交往的基本规则是必要的，作为一种道德行为，其价值在于激发个体固有的善端，让个体更加遵从社会规范，从而让更多的人获得利益，增进社会总体福祉。功利主义忠诚观具有典型的工具理性特质，注重效果而非行为动机。

---

① 朱贻庭.伦理学小辞典[M].上海：上海辞书出版社,2004：403.

2.美德伦理忠诚观

美德是对良好道德行为和道德品质的肯定性评价。美德伦理忠诚观，是将忠诚作为一种美德加以考量，是美德伦理对忠诚的看法与态度。"忠"本身就是个体或共同体的美德，发源于人性中固有的善端，并伴随着整个人类社会的发展而进步，是人类社会应该遵守的普遍社会道德。

美德伦理学与义务论、功利论并列，是西方三大伦理学传统之一，代表人物有亚里士多德和麦金太尔等。"传统的美德伦理学的基本判断是以品质为中心，'正当'或'规则'的概念包含在'善'的概念中。正当的行为就是有美德的人在那种场合中倾向于做的行为。善是内在的，与功利论外在的善的概念不同。"①也就是说只有拥有正义美德的人才可能了解如何去运用法则。人们要认识自己生活的目的，并为实现一种善的生活的内在目的而培养内在的品格和美德。

麦金太尔认为，德性是一种获得性品质，德性的拥有和践行，使人们能够获得对实践而言的内在利益，缺乏这种德性，就无从获得这些利益②。他将德性分为三个阶段：第一，把德性看作获得实践内在利益的必需的品质；第二，把德性看作有益于整体生活的善的品质；第三，把德性与对人而言的善的追求相联系，这个善的概念只有在一种继续存在的社会传统的范围内才可得到解释和拥有③。

以上内容表明，麦金太尔的德性理论，重点强调美德是人获得利益的必备条件，只有拥有美德才能正确运行规则。规则虽然是行为的依据，但是规则不具有普遍适用性，因此，有德性的行为才有可能保证其正当性。从这个意义上来说，忠诚本身含有美德，忠诚对象的特质也有德性的因素。美德伦理忠诚观认为，忠诚是一种美德，正如"力量、勇气、自信"一样。将忠诚作为人生美好的品德追求，可以让个体获得尊重和荣誉，激发个体的善端，让个体学会做人。同时，拥有忠诚的美德可以增强外界对个体的认同感，让个体找到归属感，激发个体的社会责任感和使命感，最

---

① 朱贻庭.伦理学小辞典[M].上海:上海辞书出版社,2004:400.

② 麦金太尔.德性之后[M].龚群,等译.北京:中国社会科学出版社,1995:19.

③ 麦金太尔.德性之后[M].龚群,等译.北京:中国社会科学出版社,1995:343.

终让忠诚本身所潜在的德性散发光芒，使忠诚行为具有正当性与合理性。

事实上，无论是规范伦理忠诚观还是美德伦理忠诚观，终究要与现实情境相关联。现代社会市场经济的强大力量及市场的主导地位，让人们更注重规范伦理，但同时我们要认识到规范伦理需要美德介入，需要以美德为基础。在现实情境中，忠诚既是人格内在化的品德，也是社会实践性的品德。现代社会的忠诚观，力图既能保持自身"正义"的品质，又能受到社会规则"合理性"的约束，在博弈中寻求平衡，在平衡中达到理性。

（二）政治忠诚观

政治忠诚观是在一定的利益、需要的推动下，经过长期政治实践活动的积淀，逐步形成对政治目标、政治追求、政治信念、政治立场、政治规范等的相对稳定的观念模式①。中国传统的政治忠诚观充满着浓郁的忠君思想，它以伦理道德为核心，忠诚对象经历了从封建君主到民主国家的转变。西方传统的政治忠诚观也经历了从忠于城邦到忠于神权，再到忠于世俗专制的演变，最后发展成忠于公正、理性、民主。可以说，中西方忠诚文化的演进历程实际上就是中西方政治忠诚观形成发展的过程。有关中西方忠诚文化的历史演进我们将在第二节进行专门的梳理。

政治忠诚观作为忠诚观的一种类型，在现代社会的政治文化中占有重要地位。在此我们简要论述一下中国共产党党员的政治忠诚观。中国共产党党员的政治忠诚观是国家对党员所提出的最高思想要求，对党员的思想、行为均有很强的约束作用，体现出党员在政治目标、立场、义务等方面的价值追求。其主要表现为忠诚于共产主义事业，忠诚于党、国家与人民。忠诚于共产主义事业——共产主义被马克思、恩格斯认为是最合理、最进步、最美好的社会制度，是社会生产力发展的必然结果，忠诚于共产主义事业本身就是对科学、真理的忠诚。忠诚于党——无产阶级政党是维护无产阶级利益，以实现共产主义为终极目标的组织，是工人阶级的先锋队，忠诚于党就是始终坚持党的理想信念，认真贯彻党的路线方针，遵守

---

① 年福纯.培育当代革命军人核心价值观概论[M].北京:军事科学出版社,2009:26.

党的纪律。忠诚于国家——无产阶级专政国家能够为共产主义事业提供安全保障。作为党员，要严格遵守国家宪法，维护国家统一，维护各民族团结稳定，坚定走中国特色社会主义道路的决心和信心。忠诚于人民——全心全意为人民服务，要有正确的权力观、群众观、利益观，始终做到权为民所用、情为民所系、利为民所谋。

当下中国的政治忠诚观与主流价值观相结合，与主流思想相融合，既是马克思主义思想精髓的集中体现，也是中国共产党人价值追求与价值实践的重要依据。在习近平总书记对全体党员干部提出"对党忠诚、个人干净、敢于担当"的政治要求之际，人们对政治忠诚观的理解再次进入新的阶段。新时代的政治忠诚观包括对依法治国的忠诚、对共产主义事业的忠诚、对中华民族伟大复兴的忠诚，这是一种正气、一种操守、一种奉献、一种牺牲，是全体党员应该承担的责任与使命，也是个体"智善"与"至善"的道德体现。

实际上，无论是伦理忠诚观还是政治忠诚观，我们都必须注入"理性"的内核。现代社会的忠诚一方面似乎与个人崇尚自由、张扬个性格格不入，另一方面又可能与政治文明、政治理性相抵牾。因此，现代社会更需要挖掘出忠诚的现代价值，让忠诚观更有理性。理性表现出一个生活在具体社会中的人，对自己存在的自我负责和对生活自我治理的可能性，体现出个体对自己存在的实践反思态度。有理性的忠诚观是指个体通过辩证的思维去理解忠诚，并且做到智慧、有限、互惠地去遵从与践行忠诚观。具体来说，有理性的忠诚观应该做到以下几个方面：

一是忠诚方式转换。人与人之间能够建立忠诚的关系，最为关键的是彼此的信任或者某一方的权威性。但我们也要看到，这种权威也有可能让忠诚者形成"盲从"。盲从就是无主见、无原则，不去分辨真假、善恶，盲目地顺从与追随。这种盲从会与愚忠相对应，往往存在两种形式，即纯粹外在的遵从与发自内心的遵从。纯粹外在的遵从是因为某种利益的驱动而产生的暂时服从，而发自内心的遵从则是放弃个人主体性特征，将权威者视为自己绝对遵从的对象，无条件接受对方观点，缺乏批判与怀疑精神，"这种人不仅在行为上绝对服从权威，而且自己也扮演权威的角色，以同样的严厉和冷酷对待可能尚存的自我意识，最终使自己完全奴化"①。而与之相对的则是有理性的遵从，这种遵从充满了自主性，当遇到与其本身信息体系相悖的外界刺激时，作为主体的自我会积极地应对、反思，并在道德良知的指引下做出向善行为，甚至还可以影响到所遵从的权威者。当个体遵从道德良知时，个体就会体验到愉悦感；反之，则会因为内心道德平衡点被破坏而感到焦虑。

二是忠诚限度转换。通常意义上来说，个人掌握的忠诚知识不外乎忠诚于党、国家、人民、朋友和家庭等。但是我们应该从微观的视角来重新考量忠诚本身，提取出忠诚内容的共性。主要包括以下几点：其一，忠诚于事物本身的规律性。规律是事物之间存在的必然联系，它不以人们的意志为转移，人们可以通过实践去认识它。遵循规律，减少个体自身专断性和随意性，是履行忠诚道德的最基本要求。其二，忠诚于职责。职责是职务和责任的复合词语。个体在成长发展的不同阶段都扮演着不同的社会角色，在角色扮演的同时个体也承担着相应的职务（岗位），此时个体的行为要与职务相匹配，完成职务所赋予的任务，这是最低层次的忠诚表现。如果在完成职务所赋予的任务时伴有高度责任感，则是较高级的忠诚表现，即忠诚于职责。其三，忠诚于良知。"知是行之本体。心自然会知。"②良知是非外界强加的，它是人内生的、本质的东西，一切德行均源于此。心存良知，才能更好地做到对自己、对别人、对社会忠诚。

三是忠诚价值转换。组织存在的价值，在于其能为人类社会创造价值。个体存在的价值，在于其实现自己价值的同时也能为人类社会做出贡献。组织希望个体能有绝对的忠诚为组织创造价值，而个体也希望自己创造价值后，组织能兑现给自己的承诺。因此，双向忠诚所带来的双赢就显得尤为重要了，这种平等互惠的意识既能让双方享受到平等与尊重，也能尽量减少双方的利益损失。长此以往，忠诚关系也就牢不可破了。

综上所述，无论是哪种类型的忠诚观，都离不开"理性"二字。理性

---

① 李春成.论作为美德的依法行政与合理服从[J].国家行政学院学报,2003(2):67.

② 肖萐父,李锦全.中国哲学史:下册[M].北京:人民出版社,1983:127.

可以使忠诚观更为尊重人的主体性，给予人们自由、宽松的选择情境，激发人们践行忠诚行为的内驱力。本书所提倡培育的忠诚观是有理性的忠诚观。

三、忠诚对象的特质

忠诚对象是指对什么人以及对什么事物忠诚。在现代社会中，忠诚对象包括国家、事业、人等。本书主要关注的是人们对符合道德规范的人或事物的忠诚。那么人为什么要对它们履行忠诚行为呢？笔者认为，这些值得忠诚的人或事物应该存在着某种共性或者相通的特质。何为特质？我国心理学专家黄希庭认为，"特质被看作是持久（具有时间的延续性）而稳定（具有情境一致性）的行为倾向"[①]。人格特质论的创始人奥尔波特则认为，特质是"一种概括化的和聚焦的神经生理系统（特定的个体），它具有使许多刺激在机能上等值的能力，具有激发和引导适应性和表现性行为一致的（等同的）形式"[②]。奥尔波特将个人特质分为首要特质、中心特质和次要特质三类。首要特质是指个人生活中具有渗透性、占优势的特质，几乎对个人的全部活动产生影响；中心特质是指渗透性稍差一些，但仍有相当概括性的重要特质；次要特质是指不太明显的、一致性和概括性都较差的那些人格特质，接近于习惯与态度。下面将分析人和事物作为忠诚对象时具有的特质。

第一，人作为忠诚对象，其特质主要体现在以下三个方面：

首先是理性。理性是指人在正常的思维状态下，从容地处理问题，能够对问题进行分析，并恰当地选择一种方案去解决问题。理性的人态度冷静，知识全面，善于从大局出发思考问题，并且对后果提前进行预知分析，拥有自信和勇气。

其次是德性。德性是一种内在精神动力，是人之所以具有"人性"的内在本质特征。"德性是人类精神的灵魂，有了它才有发光的精神，这种

①黄希庭.人格心理学[M].杭州:浙江教育出版社,2002:190.
②黄希庭.人格心理学[M].杭州:浙江教育出版社,2002:193.

精神不仅使人类享受高尚化，而且成为人的生命力的'启动器'。"①德性通过德行表现出来，是一种持久稳定的心理状态，它将外部有价值的信息内化为自身的品德，从而使自己的道德品格逐渐向善，更加高尚。德性是一个人内在的文化品质，它以"道德"为核心，以"卓越"为内涵，具有真善美的特性。

最后是权威性。权威性是理性与德性的融合统一，是由个体长期的行为方式、知识经验、人生经历累积形成的，具有使人信服的力量和威望，让人不产生怀疑。

第二，由于单一的事物只有和某种观念相结合才能产生价值，所以事物作为忠诚对象，其特质体现在以下两个方面：

首先，事物具有道德性。作为忠诚对象的事物，需符合人类历史发展的客观规律。人类历史发展的客观规律是指人类社会在其发展的各个时期所必须遵循的、不以人类本身意志为转移的、客观存在的根本法则。具体来说，一是有利于人类社会的进步。如以忠诚于国家或某种信仰为例，人类忠诚于国家的根本原因是为了促进社会发展，提升人民幸福指数，即使国家新旧更替也是顺应时代发展，是历史不可逆之大势；忠诚于某种信仰，前提是这种信仰不能违背人性，不能与社会主流的价值观相冲突，这种信仰能给予人们积极向上的动力和生活的激情，对人们现有的价值观有正确的导向作用，有助于社会的和谐稳定。二是能够在一定领域内产生正性影响。如忠诚于事业，前提是事业具有合法性，可以促进个体发展与社会进步，可以在一定的范围内产生积极影响。

其次，事物具有反哺性。作为忠诚对象的事物，当忠诚者对它尽职尽忠时，它也能给忠诚者施以正面的影响，即反哺忠诚者。其主要表现为能够促进人们遵守、内化道德规范。道德规范是由一定社会经济关系决定的，以善恶为评价基点，依靠人们的内心信念、社会舆论和传统习惯来维系，是调整个人与个人之间以及个人与社会之间关系的原则和规范的总和。现代社会的道德规范一方面能够为国家的方针政策、管理制度、法律

---

① 陈根法.德性论[M].上海：上海人民出版社，2004：6.

制度提供价值依据，另一方面能够涵养人的心灵，教化人的心智，从而形成高尚的德性。前者为义理性道德规范，后者为反己性道德规范。

义理性道德规范是一种普遍适用的道德规范，具有社会普遍价值，它一方面包括条文式的法律规范，另一方面包括约定俗成式的社会道德规范。例如忠诚的"事物化"对象是"国家""人民""事业""家庭"，只有人们对他们付诸忠诚行为时，才能让这些事物本身的价值和意义鲜活起来。而这些内容一部分变身为社会交往的根本原则，成为社会约定俗成的道德规范，另一部分则变身为法律条文，从法律规范和管理规范上对公民的行为产生约束。因此，从这个意思上来说，忠诚于这些事物可以引导人们贯彻道德上的善，将人们的心灵、精神引导到符合社会道德规范的路径上，让人们能够自觉地遵守社会法制，不做不忠诚之事。

反己性道德规范是指能够提升人们道德理智、情感和意志的道德规范。忠诚与反己性道德规范的关系有三种：一是忠诚于这类事物能让人更加明理。所谓明理，即明晰事理，指人们按照事物发展的自身规律行事。忠诚是一种道德观念，它能帮助人们寻找一种精神寄托，找到自身甘愿为之奉献的对象。个体对忠诚的选择本身就蕴含着理性，它让人们心怀善意、敬意，能够加深人与人之间的沟通与理解，有利于人们道德理智的形成。二是忠诚于这类事物能让人更加有责任感。康德认为，责任就是对绝对命令的无条件服从，就是做应该做的事情。忠诚具有自律性、主动性特征，忠诚者不是仅仅被动地"必须这样做"，而是主动地"立意这样做"；忠诚是一种发自内心的自觉自愿，是"道德人"的最基本要素之一，也是一个人的德性施之于社会的基础。三是忠诚于这类事物能让人更加自制。自制力既是道德意志的重要品质，也是人发挥能动性的有力保障。人的能动性由外向制动（改造客体的能动力量）和内向制动组成（控制主体的能动力量）。从外向制动来看，忠诚是社会传统美德，它牵制着人们的行为，要求人们选择理性的忠诚；从内向制动来看，人们继续选择忠诚是因为良心感的存在，此时的忠诚已经转化为合于义务的简单行为，是内在化的义务要求，是自我意识到的责任。正是有这两种能动性的作用，人们才能更好地遵从道德规范，奉守忠诚。

四、忠诚行为的评价标准及评价指标

忠诚行为是指个体在内在忠诚理念的影响下实施的能够表现出忠诚理念的外在活动。忠诚在行为上具体可以分为三个方面：一是与人忠诚。冯友兰在《新事论》中认为："所谓忠者，有为人之意。"也就是说，忠诚是人们为人处世最基本的德行和品格。人与人相处，首先要确立相互信任的关系，只有在信任的基础上，一切活动才有可能顺利开展。如果一个人与你交往的时候是不忠诚的，那么他的一切言语行为也就不会得到你的信任，他对于你来说就是一个不可靠的人。因此，忠诚是社会交往中非常重要也是较为基本的道德准则，是社会关系稳定发展的基础。二是与组织忠诚。在这里笔者将个体定位为"组织成员"的身份。如果个体在特定的组织范围内，从内心深处信任组织，相信组织能满足其自身发展的需要，那么他就会对组织有强烈的依恋和虔诚的信仰，当出现个人与组织的利益之争时，能将组织利益放在个人利益之上，具有无私奉献的精神。在这个过程中，个体对组织顺服、遵从，能够公而忘私，尽心尽力地帮助组织发展，在服务的过程中有主动担当的责任心，甚至奉献生命。三是与国忠诚。对国家忠是政治忠诚的一种表现形式，具体表现为在任何时候都不得以牺牲国家利益或者背叛国家来换取其他利益。对国家忠诚是每个公民必须遵守的道德准则与法律准则，也是关系到国家安全稳定的重要因素。

（一）评价标准

如何对忠诚行为进行评价？所谓评价，是指评价者以一定的评价标准为依据，综合运用量化和非量化的方法对评价对象做出价值上的分析判断。关于忠诚行为的评价标准，可以尝试从"两个路向"与"四个基本维度"方面来进行分析。

1.两个路向

在忠诚问题的研究中，笔者发现，忠诚行为的评价标准实际上存在着"对他"与"对己"两个不同的路向（见表1-1）。假设绝大多数人在这两个路向中的忠诚行为评价标准存在差异，一般人可能对自己的忠诚行为设定的评价标准较低，而对别人的忠诚行为设定的评价标准较高。正是因为存在这两个路向，所以需要对人们有时候表现出来的"忠诚"与"背叛"进行具体分析。笔者认为，"忠诚"与"背叛"存在三种情况：一是为了实现某种目的而选择违背真实意愿，个体有着积极的情感体验（对己忠诚，对他背叛）；二是囿于外界的压力而被迫表现出违反真实意愿，个体有着消极的情感体验（对己背叛，对他忠诚或背叛）；三是使用"对他"与"对己"两个路向中的忠诚行为评价标准实施评价、表达或约束，个体有着积极的情感体验（对己忠诚或背叛，对他忠诚或背叛），而且这是个体自己的道德评判标准，不受外界影响。判断第一种和第三种情况的标准就是"是否故意为之"，判断第二种和第三种情况的标准是"是否具有积极的情感体验"。也就是说，如果一个人出现"背叛"行为，但又不是故意为之，同时还伴随着积极的情感体验，那么此人"对他"与"对己"的忠诚行为评价标准一定存在很大的差距。

表1-1 忠诚行为评价标准的两个路向

类别	对己	对他	结果	外在表现	内在认知	是否故意	情感体验
第一种情况	忠诚	背叛	背叛	不道德	道德	是	/
第二种情况	背叛	忠诚/背叛	忠诚/背叛	道德/不道德	不道德	/	消极
第三种情况	忠诚	忠诚	忠诚	道德	道德	否	积极

2.四个基本维度

本研究确定四个基本维度的原则为：其一，尽可能将影响忠诚行为出现的因素全部覆盖；其二，尽可能呈现不同个体内在忠诚行为评价标准的不同特点；其三，尽可能体现忠诚行为评价标准由低到高的发展特征。"对他"的基本维度包括"对象亲密度""利益得失率""情境约束力""时间持久度"，"对己"的基本维度包括"利益得失率""情境约束力""时间持久度"（见图 1-1）。

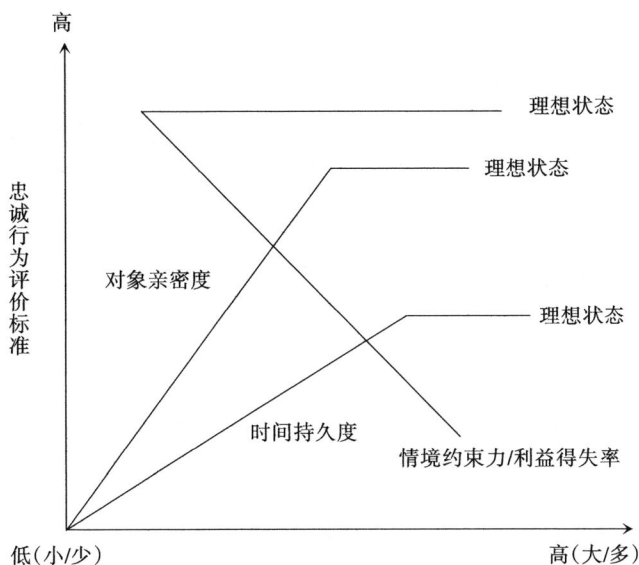

图 1-1　忠诚行为评价标准的四个维度

对象亲密度。以"陌生→熟悉"为维度发展的主导方向，人们对熟悉的人可能会设定较高的忠诚行为评价标准，而对陌生的人可能会设定较低的忠诚行为评价标准，人们与忠诚对象亲密度越高，忠诚行为的出现率也会越高。倘若一个人无论是对熟人还是对陌生人都有着较高的忠诚行为评价标准，那么这个人的忠诚度也就达到了较高的水平。这一维度发展脉络大致为：亲人→朋友→小的组织（团队）→大的组织（民族、国家）。其发展趋势也是由陌生到熟悉，忠诚行为评价标准在此维度上表现出由低到高的发展特征。

利益得失率。以"面对获得低利益事物→面对获得高利益事物"为维度发展的主导方向。人们在是否选择忠诚行为时对利益得失比较关注，如果利益较低而忠诚度较高或者利益较高而忠诚度较低，则表示人们的忠诚水平较低；如果人们无论利益得失多少都能坚持忠诚行为，则表示人们的忠诚水平较高。

情境约束力。以"情境约束力低→情境约束力高"为维度发展的主导方向。当情境约束力低时，人们认为可以不去选择忠诚，或者情境约束力高时，人们认为必须去选择忠诚，则人们的忠诚水平较低；而无论情境约束力高或低，人们始终保持着忠诚的言行，则人们的忠诚水平较高。

时间持久度。以"偶然发生→持续发生"为维度发展的主导方向。如果人们的忠诚行为只是因为外界的某种因素而出现，且具有偶然性、短暂性的特征，则人们的忠诚水平较低；反之，无论是何种情况下都保持着忠诚行为，则人们的忠诚水平较高。这一维度发展脉络大致为：随着时间的推移，人们的忠诚行为评价标准在此维度上表现出由低到高的发展特征。

（二）评价指标

在厘清忠诚行为的评价标准后，还需要用更加清晰的评价指标来进一步分析究竟哪些要素是忠诚必须具备的。具体来说，忠诚行为的评价指标是以评价目标为基本依据，把忠诚的观念和思想分解成若干具体的、可测的、行为化的和可操作化的因子，从而反映出忠诚本质属性的因素集合。忠诚行为的评价指标体系则是把忠诚行为的评价指标按照一定的逻辑结构有序排列，形成具有一定组合方式和层次特点的有机整体。在这个有机整体中，各指标既相互独立又相互依存、相互联系、相互制约。忠诚行为的评价指标可以从态度忠诚与行为忠诚两个维度来分析（见图1-2）。态度忠诚是指个体对忠诚所持有的稳定的心理倾向，包含个体对忠诚的主观评价以及由此产生的行为倾向性，其评价指标包括"高度的认同感""持久的情感依恋""坚定的意志信奉"。行为忠诚是指个体在态度忠诚的基础上所表现出来的与其相一致的行为倾向，其评价指标包括"忠贞不贰""尽职尽责""不谋私利"。

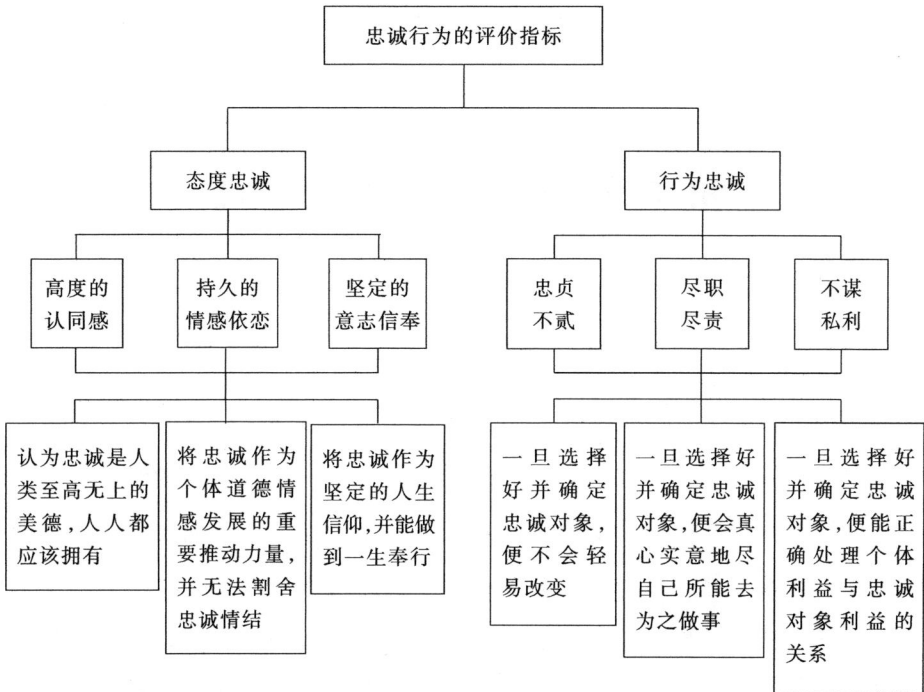

图 1-2　忠诚行为的评价指标

第二节　忠诚文化历史演进

忠诚文化是人们长期创造形成的产物，是一种普遍认可的、可以被传承的关于忠诚的意识形态。它既是一种历史现象，也是历史的沉积物。忠诚文化是忠诚观形成的重要因素，忠诚观又是忠诚文化长期发展演变的重要产物。忠诚文化的形成与社会生产力、生产关系密切相关。因此，对大学生进行忠诚观培育必须要了解忠诚文化的发展过程。本节将分别梳理中西方忠诚文化的演进历史，并探索其对大学生忠诚观培育的价值。

一、中国忠诚文化的进路

忠诚文化是中华优秀传统文化的重要组成部分，在中华民族发展史上产生过重要影响，曾被看作"为国之本""义理之归"，是社会行为的最高准则，它要求人们忠于人、忠于事、忠于国、忠于理。因此，探究忠诚文化的历史渊源无疑是本研究的逻辑起点。

（一）忠诚文化之萌芽

关于忠诚文化的起源，学界一直众说纷纭。部分学者认为，夏、商、周三代没有"忠"的观念。据目前掌握的资料来看，商代甲骨文和周代金文的确没有"忠"字。但是有学者对此表示质疑，原因有四：其一，不能仅仅依据已识别的甲骨文文字来断定夏、商、周三代不存在"忠"字，毕竟到目前为止还有很多甲骨文文字没有被识别。另外，作为一种社会意识，忠诚文化总是与其他的社会现象有着千丝万缕的联系，如三代时期的"礼仪、礼义、礼制"，"礼的主旨在于别君臣、上下、父子、兄弟、内外、大小"①。这其中蕴含着与人敬、与人忠、做事竭尽所能的思想，而"忠"也同样潜存着对人对事的正直无私、忠心耿耿，这些都与"礼"的主旨不谋而合。因此，我们可以推定在"礼"的思想中同样潜存着"忠"的意识。其二，据考证，在十三经注疏本《尚书》中包含"忠"的句子有7句，告诫人们作为君主要任用忠心的臣子，作为臣子或子民要倾尽忠心，恪守忠孝之德。其三，《诗经》的内容闪烁着"忠"的意念。如："毛亨给《郑风·羔裘》所做的序言中没有出现'忠'字：'《羔裘》，刺朝也。言古之君子以风其朝焉。'但是，郑玄在笺注时却用了'忠'：'言，犹道也。郑自庄公而贤者凌迟，朝无忠正之臣，故刺之。'"②这种对句子用"忠"进行注释的做法有近20处，据此可以肯定，"在《诗经》创作的年代至少已经存在'忠'文化的萌芽了，而且，作为一种道德意识、道德观念，已经有了一定程度的发展，只是此时人们还没有用'忠'把这种理念确定下来"③。其四，春秋战国时代的学者认为三代之前即有忠诚文化。从后世文献史料来看，被视为多用事实解释的《左传》保存了春秋时期大量的史料。在《左传·文公十八年》中有文字记载，明确告诉世人三代之前就已经有了忠诚文化：

　　昔高阳氏有才子八人：苍舒、隤敳、梼戭、大临、尨降、庭坚、仲容、叔达。齐圣广渊，明允笃诚，天下之民谓之"八恺"。高辛氏有才子八人：伯奋、仲堪、叔献、季仲、伯虎、仲熊、叔豹、季狸。忠肃共懿，宣慈惠和，天下之民谓之"八元"。此十六族也，世济其美，不陨其名，以至于尧，尧不能举。舜臣尧，举"八恺"，使主后土，以揆百事，莫不时序，地平天成；举"八元"，使布五教于四方，父义、母慈、兄友、弟恭、子孝，内

①　刘泽华,葛荃.中国古代政治思想史[M].2版.天津:南开大学出版社,2001:21.

②　王成.中国古代忠文化研究[M].香港:香港天马出版有限公司,2004:8.

③　王成.中国古代忠文化研究[M].香港:香港天马出版有限公司,2004:10.

平外成。昔帝鸿氏有不才子，掩义隐贼，好行凶德……天下之民
谓之"浑敦"。少皞氏有不才子，毁信废忠，崇饰恶言……天下
之民谓之"穷奇"。

上述文字表明，"忠"字的出现与忠诚文化萌芽并无必然关系，三代
时期社会道德法则中"忠"观念已然存在。一种道德观念的形成必须要经
过漫长的道德实践才能真正被社会群体所接收、遵从，"忠"观念的形成
与发展同样如此。

唯物辩证法主张要用全面、联系、发展的眼光去看问题。因此，我们
研究忠诚文化产生的历史渊源不能仅仅依据史料上面的文字，而应该将之
放入当时社会发展的时代背景下，将忠诚文化与社会其他方面联系起来进
行考察。从人类历史发展来看，原始社会的人们习惯于集体劳作，氏族首
领是人们的权威领袖，人们自发地忠诚于氏族首领，信奉自己的图腾，并
且用各种仪式或器物来表达他们对天的敬畏，这些成为他们精神生活的重
要组成部分。在这种集体劳作、图腾崇拜、敬畏天神的过程中，原始人自
觉忠诚于集体、忠诚于神明，这样做既能让他们得以生存，也能让忠诚文
化得以萌生发展。夏朝是中国第一个奴隶制社会，其建立的氏族宗法制使
子民对王的依附更加强烈，这种政治化的依附关系让整个社会的忠诚文化
得到了快速发展。到了商代，社会继续在奴隶制和宗法制中运行，流传至
今的"比干剖心""伯夷叔齐不食周粟"等故事，让后人对商朝的忠诚文
化有了比较深刻的了解。继而周朝推出分封制，形成了等级森严的"天子
—诸侯—卿大夫—士"社会结构，加上具有法律规范意义的周礼，强调
"亲亲父为首，尊尊君为首"，使忠诚文化逐渐得到统治者的认可并加以
推行。

据此，笔者认为忠诚文化起源于原始社会，在夏、商、周三代得以萌
芽。在原始社会中，人们用朴素自发的忠诚去维系氏族生存，而奴隶制社
会建立起来后，在森严的宗法制和具有法律效用的礼制下，朴素自发的忠
诚便自然演变为对王朝首领的忠诚，这是一种多对一的忠诚。

（二）忠诚文化之奠基

先秦时期，诸子百家对"忠"或与"忠"相关的问题进行了探讨，但是将"忠"作为社会道德规范进行研究并奠定忠诚文化根基的则是儒家。

1.道家之"忠"

（1）老子之"忠"。老子生活在"礼崩乐坏"的春秋末期，当时的"礼""仁义"等思想在社会中渐已没落，无法更好地发挥调节社会规范的作用。在老子理想的"小国寡民"社会中，人类没有权势地位、君臣上下之别，大家互不侵犯，因此，也不需要仁爱、正义、忠信，更不需要礼乐。老子认为，"国家昏乱有忠臣"，"夫礼者，忠信之薄而乱之首"。"老子把'忠信'作为以维护统治秩序为主要责任的'礼'的对立面看待，既反映了老子'上德无为而无以为'的思想，又说明'忠信'在老子思想体系中虽非'上德'，但也称得上重要。"①虽然老子较早提出忠信思想，但尚未进行深入探讨。即便如此，也为后人研究忠信思想提供了一定的理论基础。

（2）庄子之"忠"。"《庄子》一书计用'忠'23次，其中'忠信'合用出现6次，占26.1%；'忠贞'合用出现2次，占8.7%；'忠臣'出现4次，占17.4%；其他11次，占47.8%。"②庄子虽然关注"忠"，但是并不推崇"忠"。从现有的文献资料来看，庄子反对礼和法以及"普遍性"社会道德。他认为所谓的仁义忠信并没有什么道德价值，只不过是实现自己私利的工具，甚至主张抛弃包括"忠"在内的一切道德规范，"攘弃仁义，而天下之德始玄同矣"。

2.墨家之"忠"

墨家子弟来自社会下层，提倡"兼爱非攻"的思想，强调"为人君必惠，为人臣必忠"。"君惠臣忠"即要求君要对臣"惠"，君主要做到"爱民谨忠，利民谨厚"，才有资格享受臣的"忠"；而臣要对君"忠"，主要

---

① 王成.中国古代忠文化研究[M].香港:香港天马出版有限公司,2004:65.

② 王成.中国古代忠文化研究[M].香港:香港天马出版有限公司,2004:66.

表现为"上有过，则微之以谏；己有善，则访之上，而无敢以告。外匡其邪，而入其善。尚同而无下比，是以美善在上，而怨仇在下；安乐在上，而忧戚在臣"（《墨子·鲁问》）。这样做是为了顺应"圣王之道"，这是臣应该遵守的道德规范。《墨子·天志下》中说："若事上利天，中利鬼，下利人，三利而无所不利，是谓天德。故凡从事此者，圣知也，仁义也，忠惠也，慈孝也，是故聚敛天下之善名而加之。是其故何也？则顺天之意也。"由此可见，"忠惠"是道德最高层次——"天德"的重要组成部分，也是处理君臣关系的基本行为准则。要注意的是，墨子虽然倡导"忠"，但是他反对那种"令之俯则俯，令之仰则仰""处则敬，呼则应"式的"忠"，这是其"忠"思想的进步之处。

3. 法家之"忠"

（1）慎到之"忠"。慎到是赵国人，在稷下学宫讲学时，以主张法治闻名。在现存《慎子》7篇中，有专门的《知忠》篇，用"忠"12次，"忠臣"出现3次，"忠道"出现1次。虽然慎到多次提到"忠"，但他并不推崇"忠"。他认为，"忠臣"并不是必然能为国家做出贡献，例如商纣王有比干，夫差有伍子胥，但并不能改变王朝灭亡的结果。他得出结论，"忠未足以救乱世"，"忠盈天下，害及其国"，"忠"不值得提倡，国君只要"以法治国"就可以了。

（2）韩非之"忠"。韩非是荀子的学生，其所著的《韩非子》共有96处论及"忠"，其中的《忠孝》篇集中探讨忠孝问题，是先秦讨论"忠"最多的论著。韩非认为，对君主与国家的"忠"是"公忠"，"忠"是人臣必备的品质。虽然他承认"忠"的重要性，但是他更强调"虽有忠信，不得释法而不禁，此之谓明法"，意即"法"仍高于"忠"，依然强调以法为本、以法治国的重要地位。韩非以法家立场为本，将"忠"局限在忠君范围内，受到封建统治阶级的大力推崇和沿承。

4. 儒家之"忠"

（1）孔子说"忠"。《论语》是孔子思想精髓之代表作，其中有18处提到"忠"。孔子认为，"忠"是个体为人处世的重要原则，"忠"主要表现为忠信、忠恕、忠事。

孔子认为"忠"与"信"两者关系密切，《论语》中有6处提到"忠信"。在孔子的思想体系中，"仁"是忠信内核，"忠"为诚，"信"为实，忠信就是诚实，是人立身之本。"君子不重则不威，学则不固。主忠信。无友不如己者。过，则勿惮改。""子张问崇德，辨惑。子曰：'主忠信，徙义，崇德也。爱之欲其生，恶之欲其死。既欲其生，又欲其死，是惑也。诚不以富，亦祇以异。'""子张问行。子曰：'言忠信，行笃敬，虽蛮貊之邦，行矣。言不忠信，行不笃敬，虽州里，行乎哉？立则见其参于前也，在舆则见其倚于衡也，夫然后行。'子张书诸绅。"以上《论语》中的文字表明：忠信是一种社会道德，是指导人们言行的道德准则，是人们必须遵守的道德规范，是提升个人修养的必备要素。人们要不断学习，让忠信成为自身的道德品质，从而更好地做人做事。一个人如果能做到"言忠信，行笃敬"，则离高尚的道德品质也就不远了。

《论语·里仁》中有这样一段话："子曰：'参乎！吾道一以贯之。'曾子曰：'唯。'子出。门人问曰：'何谓也？'曾子曰：'夫子之道，忠恕而已矣。'"忠恕即是孔子的仁义之道，孔子用"己所不欲勿施于人"来解释"恕"，但对于"忠"却没有给予明确的解释。我们可以引用宋代理学家朱熹提出的"尽己之谓'忠'，推己之谓'恕'"来理解忠恕。忠于别人的人，自己应该是爱人的，具有待人恭谨诚信、敏于事的特质，不搞歪风邪气，一心一意，不谋私利。而"恕"则表现为站在别人的立场去考虑问题，待人宽厚，惠及于人。忠恕之道同样体现了孔子"仁学"思想，它指导人们如何对人对己，教育人们要向善，甚至还强调了对待朋友要"忠"。如在《论语·颜渊》中，"子贡问友。子曰：'忠告而善道之，不可则止，毋自辱焉。'"，这就是要求人们对待朋友要至善至诚，这才是"忠"，也是"爱人"的一种方式。

孔子还说"君使臣以礼，臣事君以忠"，要求君主修身、守礼，臣民才能尽忠。尽忠不单是指忠于君，还涵盖忠于事。"所谓大臣者，以道事君，不可则止。"事君应该以仁义之道为准则，尽职尽责，如果君主不遵守道，则可以不用再为君主尽忠了。由此可以推论，在孔子的思想体系中，并不是一味地强调忠君，而是遵从仁义之道。如果事情不合于道，即使是君主要求做的，臣民也可以不做；凡是合于道的，无论事情君主是否喜欢，臣民都应该去做，做到"从道不从君"。

（2）孟子论"忠"。《孟子》一书中"忠"字虽只出现8次，但其仍然是孟子思想的重要组成部分。孟子之"忠"可以分为：忠信、忠道、忠诚。

孟子认为忠信是人们应该遵循的社会道德准则，与社会的安定团结、国家的政治稳固、军事力量的强弱有着重要的关系，君主应该给予高度重视。

孟子和孔子一样，不要求忠于君，而是要做到用"义"来为君主服务。"义"的本义是指公正、合理、应当做的，它要求人们不离不弃，关键时刻能挺身而出。忠诚要求人们从内心对人或事诚服，并心甘情愿地去做，一心一意。因此，忠诚之人必定是有义之人，而忠诚之义应该是有理性的，是一种责任和真实的善心。孟子强调君臣之间应该相互尊重，君只有正确地对待臣，臣才会忠诚于君。另外，他认为事君不仅仅是为君做有道义的事，更重要的是要实现自己的理想抱负。忠于君可能很容易实现，但是忠于道实现起来就显得不那么容易了，毕竟会牵扯到利益纷争，有可能会影响君臣之间的关系。《孟子·离娄上》中说："桀纣之失天下也，失其民也；失其民者，失其心也。得天下有道：得其民，斯得天下矣；得其民有道：得其心，斯得民矣；得其心有道：所欲与之聚之，所恶勿施尔也。"所以，要实现忠于道，君与臣都必须做到明于事理，明确事情之间的道义关联，达成共识，这样才有可能真正实现忠道。

孟子认为："'忠'是爱人、敬人的出发点，'忠'就是'忠诚'。必须出于'忠诚'之心，才能真正做到爱人、敬人，否则就是'不忠'。"① 《孟子·离娄下》中说："君子所以异于人者，以其存心也。君子以仁存心，以礼存心。仁者爱人，有礼者敬人。爱人者，人恒爱之；敬人者，人

---

① 王成.中国古代忠文化研究[M].香港:香港天马出版有限公司,2004:47-48.

恒敬之。有人于此，其待我以横逆，则君子必自反也：我必不仁也，必无礼也，此物奚宜至哉？其自反而仁矣，自反而有礼矣，其横逆由是也，君子必自反，我必不忠。"这段话表明，君子居心在于仁，在于礼。有仁的人爱别人，有礼的人敬重别人。爱别人的人常常被人爱，敬重别人的人常常被人敬重。不仁的事不去做，无礼的事不要干。如果君子对别人有仁有礼，别人仍然"横逆"，则自己要反躬自省，自己必然是不忠诚的。另外，孟子还强调"教人以善谓之忠"，也就是说不仅自己要做到忠，还要教会别人一心向善，秉承有"义"的道德准则，这也是忠诚的另一种表现方式。

（3）荀子言"忠"。郭沫若先生在《十批判书》中称荀子是战国时期的"最后一位大师"。的确，生活于战国晚期的荀子曾在稷下学宫"三为祭酒"，对先秦诸子百家的学说颇有研究，并将之吸纳扬弃、概括总结，形成了自己的思想体系。在《荀子》一书中，"忠"字出现75次之多，其中"忠信"出现27次，内容包括忠顺说、忠奸说，以及对"忠"的类别进行划分。

忠顺说。荀子思想里的"忠"基本延续了忠君思想，他将"忠"与"顺"相结合，认为"从命而利君谓之顺，从命而不利君谓之谄；逆命而利君谓之忠"。也就是说，遵从命令并有利于君是"顺"，违背命令而利于君则为"忠"。虽然荀子有忠于道的思想，但其已然秉承了法家忠君思想，他并不是说对君一定要"顺"，而是"事圣君者，有听从无谏争；事中君者，有谏争无谄谀；事暴君者，有补削无挢拂"。即对于圣君，臣民听从；对于水平中等的君主，臣民应该有礼有节，发挥自身的聪明才智，提出自己的见解；对于水平很差的君主，则要更为灵活机动，知己知彼，运筹帷幄，才能完成对君的"忠"。

忠奸说。荀子在探究"忠"时，将之与其对立面"奸"相结合，这在很多典籍中均有所论述。如《荀子·致士》中就提到了"奸言、奸说、奸事、奸谋、奸誉、奸诉，莫之试也；忠言、忠说、忠事、忠谋、忠誉、忠诉，莫不明通，方起以尚尽矣"。在《荀子·臣道》中，荀子将臣分为忠臣和奸臣两类，并对"忠"和"奸"进行了生动形象系统的分析。

荀子还将"忠"划分为不同等级，即"大忠""次忠""下忠"。《荀子·臣道》中说："有大忠者，有次忠者，有下忠者，有国贼者。以德复君而化之，大忠也；以德调君而补之，次忠也；以是谏非而怒之，下忠也；不恤君之荣辱，不恤国之臧否，偷合苟容，以之持禄养交而已耳，国贼也。若周公之于成王也，可谓大忠矣；若管仲之于桓公，可谓次忠矣；若子胥之于夫差，可谓下忠矣；若曹触龙之于纣者，可谓国贼矣。"荀子认为，"大忠者"应该做到"以德复君"，帮助君主成为有"德"之君；"次忠者"应该用"德"去规范君主的言行，提升君主的修养，让君主的思想言行符合"德"的要求，并能循着"德"去治理国家；"下忠者"是敢于直言"以是谏非"，但这属于下等的"忠"，因为是在君主犯错误后才去提供建议，而不是事先阻止错误的出现。

综上所述，在一定意义上，忠君是荀子"忠"思想的核心要义，即使他的思想中也强调忠于道，但归根结底是为忠君服务的。这表明，早期的忠诚文化经历了一个由忠道向忠君的演变。

（三）忠诚文化之形成

公元前221年，秦王朝一统天下，从此中国开始了延续两千多年的封建社会历程。秦朝以法家思想为主导，在政治上实行高度集权统治，将忠君思想逐步推进为社会的主流文化并延续千年。

秦王朝信奉"上行淳德，下行忠信"的政治文化。《战国策》之《秦策》篇中"忠"字出现了31次，居各国策之首。据史料记载，当时在秦国论"忠"的主体涉及各类人等，其中较有代表性的是范雎与蔡泽论"忠"，他们所探讨的"忠"以忠君为核心要义。范雎的"忠"强调"愚忠"，诚如他第一次见秦昭王时所言"愿效愚忠而未知王之心也"。蔡泽认为，臣民尽忠的前提是君主应该是圣明的，否则"忠"无法发挥其应有的效果。而遵从法家思想的商鞅则以"人性恶"为出发点，认为应该通过"法治"手段明赏罚来让臣民尽忠。"人君而有好恶，故民可治"，人们尽忠也是为了逐利，君主可以根据人们追名逐利的心理对其实行法治，让人们在选择利的时候能够自然地去尽忠。在吕不韦的《吕氏春秋》中，"忠"字出现68次，其中《至忠》篇和《忠廉》篇专门以带有"忠"字的名称命名。该书中"忠"被分为"大忠"和"小忠"，行"小忠"是追求小利，行"大忠"则是追求大利。另外，该书描写臣对君尽忠有52处，而君对臣的忠只有1处。这些足以显示，忠君思想在当时处于主流地位。公元前219年，秦始皇东巡登琅琊台，令刻石立于琅琊台上，刻石碑文中即有"端直敦忠"四字，显示其已将"忠"作为最高道德规范来要求臣民。由此忠诚文化开始演变并定型为忠君，且为各朝统治者继承沿用。

汉朝时期，由于汉武帝奉行"罢黜百家，独尊儒术"的政策，儒学思想一统天下，忠诚文化也经历着自身的演进历程。

西汉初，国家正处于政治经济复苏时期，时任太中大夫的贾谊颇受汉文帝的重用。贾谊相当重视"忠"的思想，在其《新书》中"忠"字出现54次。他提出"忠君子者，无以易爱民也""君子不得民，则不能称矣"等思想，将忠君与爱民相联系，第一次提出了君与民之间的双向互动，君要爱民，民要忠君，治国的大道就是对上要忠于其主，对下要热爱其民。他将忠君与爱民统一于治国大道下，使两者都具有了重要的历史地位，这既是一种民本思想的体现，也是忠诚文化学说在理论上的创新。

汉武帝即位时，各分封诸侯国对中央集权产生了很大的威胁，因此，统治者在政治上开始实行由"无为"到"有为"的治理模式，思想上也逐步推进"大一统"式的意识形态。西汉大儒董仲舒为顺应统治者需求，对儒学思想进行了改造，把"忠"的专一性，即忠贞不贰的思想提升到哲学层面进行研究，为论证忠君思想提供理论支撑。他的忠君思想主要包括以下两个方面：一是从字形上来解释"忠"。"心止于一中者，谓之忠；持二中者，谓之患；患，人之中不一者也，不一者，故患之所由生也。"他认为，"一中"才是"忠"，而这个"中心"是指君主，意即只有对君主忠诚才是尽忠的表现，臣民对君主"忠"应该是绝对的、无条件的。二是将皇权神秘化，提出了"天人感应"论。他认为，人与天之间存在着相感相动的关系，主要作用表现在人类社会的治乱兴衰与天道运行之间的关系上。人类社会治乱兴衰会影响到天道运行，同样，天道也会通过"祥瑞"或"灾祸"体现出对人间社会的评判。社会之所以存在高低贵贱、上下尊卑、等级差别是因为上天的意思。天主宰着一切，主宰着皇权，神圣不可侵犯。作为臣民只有忠诚于皇权，为君主尽职尽责，才能保证天下太平。董仲舒关于"忠"的思想得到汉武帝的高度重视，也对后世产生深远影响。在这种忠君思想的笼罩下，整个王朝呈现出"忠无不报""有忠必奖""不忠必罚"的趋势。这种让众多臣民将君主奉若神明的做法，为后世的"愚忠"观念埋下了隐患。

东汉时期著名的经学家马融，在其《忠经》一书中，着重探讨了以下几个方面的问题：

首先，界定了"忠"的本质、地位和作用。关于"忠"的本质，在《忠经·天地神明章》中，马融指出，"忠者，中也，至公无私"，所谓"忠"就是"中"，就是大公无私。关于"忠"的地位，他用"天之所履，地之所载；人之所履，莫大乎忠"来形容，意即苍天、大地、人类所承载的一切都没有忠道所包含的内容广大。关于"忠"的作用，他认为，"忠能固君臣，安社稷，感天地，动神明"，意即忠道能使君臣关系牢不可破，能使国家安定团结，能感动天地神明。"夫忠，兴于身，著于家，成于国"，他强调忠道对个人发展、家国兴盛具有重大作用。

其次，阐述了社会各主要阶层应该履行的忠道内容。在马融看来，忠道具有普遍性，不同阶层的人都应该履行。对此，他通过六个篇章加以阐述。一是君主忠道。"故王者，上事于天，下事于地，中事于宗庙"，君主要有至圣至善的品德，为百姓做出榜样，百姓自然会尽忠于君主。二是家臣忠道。"为臣事君，忠之本也"，臣子为君主办事，恪守忠道是最应坚守的原则。作为臣子不仅仅要做到"临难死节"，更重要的是"在乎沉谋潜运，正国安人，任贤以为理，端委而自化"。三是百工忠道。百工即各种官吏。在马融看来，"守位谨常"并非是"忠"的表现，百工之"忠"应该是发挥主动性，无畏惧之心，上下级互相配合，顺利完成任务。四是地方官吏忠道。"君子尽其忠能，以行其政令"，一个贤能的人，应该要竭尽全力地去践行他的忠良和才能，这样才能治理好国家。地方官吏应该把君主的民众当作自己的儿女，那么民众也会忠爱地方官吏，如同爱戴自己的亲人一般。五是百姓忠道。"君德昭明，则阴阳风雨以和"，君主能够实行仁政，百姓自然会遵守各种制度、规章，这就是百姓"忠"的表现。六是军队忠道。"统军之帅，仁以怀之，义以厉之，礼以训之，信以行之，赏以劝之，刑以严之"，做到这六点，军队就能"攻之则克，守之则固"。

最后，挖掘了"忠"的内涵和要求。马融强调君子要做到以德化民，去掉私欲私心，端正自己的本色气质，选贤任能，顺从民意。"忠孝二德，人格最要之件也"，在忠与孝之间，强调"忠大于孝"。在马融的思想中，圣德明君是大度的、无私的、公正的、周全的。这样的人去治理国家，社会自然安定，人民关系亲和，国家稳定和谐。君子要大力颂扬君主的美德，让君主美誉天下皆知，最终达到"天下尽忠，淳化而行也"的理想境界。

由上可见，《忠经》在东汉及以前的忠诚文化的基础上，进一步探讨了忠诚文化的内涵、主体、实现途径以及发展目标等问题，使中国的忠诚文化逐渐系统化，并被其后历代王朝所沿承。

（四）忠诚文化之演进

东汉之后，中国社会开始了三百多年的分裂时期，社会动荡加剧，忠诚文化逐渐演变为臣对君的一种道德规范。

隋唐时期，国家实现了南北大一统，封建专制制度日益完善和巩固，忠诚文化的内涵基本定型。这一时期的人们，更为关注如何让忠诚文化更好地为封建制度服务。隋朝著名学者王通认为，事君要做到"无私"，不盲从。《中说·立命篇》中记载："房玄龄问：'善则称君，过则称己，可谓忠乎？'子曰：'让矣。'"在王通看来，如果把善都归功于君主，把过失归于自己，并不是"忠"，臣子应该帮助君主改正错误，而不是一味地歌功颂德。这一思想显然与孔子关于"忠"的思想一脉相承，这是一种

"理性忠"。进入唐朝,"忠"成为官修史书一以贯之的中心思想,唐太宗组织房玄龄等一批宿儒编纂《晋书》,其中设有《忠义传》,将"忠"与"义"相结合,提出为"义"捐躯就是"忠",即符合"义"之捐躯行为就是"忠"。这样,被孔子看作君子之"质"的"义"便成了区分"忠"与"不忠"的标准。另外,唐诗中也出现了大量的"忠"字,据此可以推断忠诚文化已经成为当时社会普遍接受的、上行下效的道德文化。

宋朝实行文官制度,封建专制和中央集权制度完备,忠诚文化得到了新的发展。科举考试制度中儒学思想盛行,这就导致人们必须去践行忠君报国理念,把儒家伦理纲常所宣传的行为规范转化成自己的道德义务。两宋期间出现了很多"忠"的故事,如岳飞精忠报国、李庭芝誓死捍卫朝廷等,足以显示忠诚文化产生的巨大影响。总之,宋朝特殊的文化、政治、社会氛围为忠诚文化发展提供了广阔的生存空间,也为后世忠诚文化的延续奠定了基础。

元朝是中国历史上第一个由少数民族建立的大一统封建君主专制政权,其文明程度虽低于汉族,但其统治者注重汉法儒学,使包括忠诚文化在内的儒家文化有了一定的生存空间。不过,元朝统治者治国时注重"功利"的思维方式让儒学在元朝的地位并不是很高,推行的"分族治之,蒙汉异法"统治政策,让元朝的忠诚文化呈现出一种"世俗化"的境况,有时候甚至还被否定。

明朝是中国历史上思想纷繁复杂的朝代之一,封建集权统治处于巅峰时期,统治者强调臣子对君主的绝对忠诚,并通过宣扬歌颂忠臣而大力推行忠诚文化,从而较好地维护了专制统治,君权也得到了进一步的巩固。但是这种看似繁荣的忠诚文化,在一定程度上扭曲了忠诚文化。明代中后期,中华文明进入一个新的历史时期,有人习惯于将其称为中国的文艺复兴或启蒙运动时期。这一时期,中国的思想文化领域伴随着工商业和城市的兴起发生了深刻的变化。封建统治者对这一历史发展潮流没有做出积极反应,反而是变本加厉地强化集权,培养奴性思想。这种历史发展潮流与君主维护旧秩序的企图激烈碰撞,使忠诚文化作为"正统"文化的代表也走过了一段充满荆棘的发展之路。

清军入关后，统治者为了维护自身利益，大力推行儒家思想，极力倡导人们践行忠诚文化。如沿承了明朝对关羽的崇拜，祭祀关羽的官祭、歌颂关羽的诗词、纪念关羽的著述众多，这足以显示对关羽的推崇在清代达到了空前绝后的地步。事实上，在清朝关羽就是忠诚文化的代表，统治者通过营造崇拜关羽的舆论氛围，希望社会形成人人学关羽、人人做忠臣的价值导向，使人们在鲜活的历史故事中潜移默化地接受忠诚文化思想。这一极端化的发展让清朝社会"愚忠"思想盛行，国家逐渐走向衰弱。直到清朝末期，"民主、平等、自由"思想传入，忠诚文化才开始了自身新的发展历程。

(五)忠诚文化的变迁与挑战

从鸦片战争到中华人民共和国成立前，中国的传统伦理思想一直受到外来思想的冲击。新兴的资产阶级思想家用西方的伦理思想对中国传统伦理思想进行批判。紧接着辛亥革命结束了统治中国两千多年的封建帝制，也随之毁灭了人们长久忠诚的对象。之后，从新文化运动到五四运动，"德先生""赛先生"为建立新的伦理道德规范开辟了道路，传统礼教受到猛烈冲击。

中国共产党建立时，涌现出大批忠诚的马克思主义信仰者，他们忠诚于共产主义事业、忠诚于民族解放事业、忠诚于党的事业，抛头颅洒热血，最终取得了中华民族的独立与解放。中华人民共和国成立时，国家百废待兴，人们的思想也发生着翻天覆地的变化，但忠诚文化仍然产生着巨大的影响。

改革开放以后，随着计划经济体制向市场经济体制的转变，国家经济迅猛发展，"现代性""理性""主体性""自主性"成为社会的重要特征。吉登斯从社会学的角度认为"资本主义制度""工业化"是现代性的主要特征。福柯从哲学的角度认为现代性是一种批判精神。马克斯·韦伯则从文化社会形态的视角认为社会现代化过程是一种"祛魅"的过程。哈贝马斯则将现代性理解为一种方案、一项未竟的事业，他并不主张现代性完美无缺，但坚持认为现代性在其早期是值得肯定的，只是在后期出现了问题。他为现代性做辩护，目的是要激发现代性的潜力，使之在当代生活实践中依然能起到积极作用。不难发现，以上学者在用理性思维来解析现代性，并由"理性"概念延伸出了"主体性""自主性"等概念。这些概念恰恰更深层次地反映出现代社会的本质特征，同时也对传统忠诚文化提出了挑战。

"理性"概念最早出现在古希腊哲学中。柏拉图认为，理性可以控制人类欲望，能够帮助人们认清理念世界，捕获真理。理性的概念与原则真正得到认同，是从笛卡尔开始的，他"把理性看作一种我们天赋的思想能力，称之为'理性之光'或'自然之光'，它能使我们认识到最深刻的科学奥秘"①。到了18世纪启蒙运动时期，哲学家认为理性是认识的起源。而社会学家马克斯·韦伯则将理性区分为"价值理性"和"工具理性"，这种区分从形式与实质的角度，较为深刻地分析了理性固有的本质。如果我们关注行为本身在形式上的合理性，而忽略其内容的合理性，则产生的结果具有"工具理性"的特质，该行为的道德价值也无从评判。但是社会应该以公正、善等价值为评判标准，因此，"形式合理"潜在的"不合理"造成了"形式合理"与"实质不合理"的内在矛盾冲突。现代社会中人与人之间的关系早已打破了那种绝对臣服的局面，他们或思考或质疑："我为什么对你忠诚？忠诚这种行为能给我带来什么？如果我选择不忠诚能否表示对我本身的忠诚？"我们可以从两个角度进行分析：一是行为目的的合理性。这是以外界事物的情况和对其他人举止的期待为"条件"，从而满足自身认为合乎理性的目的。例如，个体为了达到某个目的而选择了不忠诚的行为，但是对于个体来说他可能得到了更多的利益，这种类型的不忠诚该如何评判？二是行为价值的合理性。即行为抛开功利主义，依据某种纯粹的信仰，无论是否有效都要进行。在忠诚行为中，如果以价值来作为合乎理性的标准，可能会出现行为的极端化。这种类型的忠诚行为又该

---

① 陈嘉明.现代性与后现代十五讲[M].北京:北京大学出版社,2006:29.

如何解读？现代社会在趋于理性化的过程中，必然面临着事实与价值、效率与理想之间的张力。这种博弈，让我们必须重新对忠诚加以理性地分析和思考，找到忠诚在当下社会最适合的存在方式。

"人的主体性是人作为活动主体的质的规定性，是在与客体相互作用中得到发展的人的自觉、自主、能动和创造的特性。"[1]葛兰西认为："人们创造他们自己的个性的办法是：1.赋予他们自己的生命的推动力量或意志以一个特定的和具体的（'合理的'）方向；2.辨认出将使这种意志成为具体的和特定的而不是任意的那些手段；3.在人们自己的限度和能力的范围内，以最有成果的方式致力于改变实现这种意志的具体条件的总和。"[2]也就是说人必须从事主体性的活动才能体现自己的主体性。在人的成长阶段中，主体性经历了由自在的主体性向自由的主体性动态发展的过程。其具体发展过程见图1-3所示：

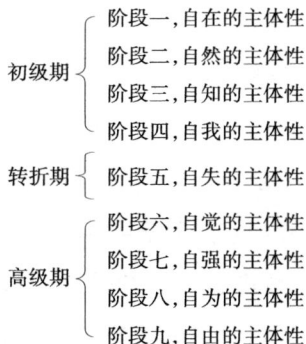

初级期
- 阶段一,自在的主体性
- 阶段二,自然的主体性
- 阶段三,自知的主体性
- 阶段四,自我的主体性

转折期
- 阶段五,自失的主体性

高级期
- 阶段六,自觉的主体性
- 阶段七,自强的主体性
- 阶段八,自为的主体性
- 阶段九,自由的主体性

图1-3　人的主体性发展过程

本书重点关注高级期中人的主体性的发展。在"自觉的主体性"阶段，人们开始感受到自身能动性。在此过程中可能形成"不依赖他人、他物，争得个人的生存和发展"或形成"听命于他人或客体"的主体特征。在"自强的主体性"阶段，主体迫切需要提高和加强自己的认识能力和实践能力，反求诸己，注重自身的发展。在"自为的主体性"阶段，主体以强有力的姿态指向和改造客体。现代社会强调主体的能动性，注重"我为"与"为我"的统一。当面对忠诚问题时，主体首先要进行能动的选

① 郭湛.主体性哲学:人的存在及其意义[M].修订版.北京:中国人民大学出版社,2011:23.

② 葛兰西.实践哲学[M].徐崇温,译.重庆:重庆出版社,1990:45.

择，对是否选择忠诚进行权衡、比较。这种思考方式、行为的选择是人"自为的主体性"的突出表现，它赋予了人主体能动性，人们可以选择忠诚或者不忠诚。出于对个体的尊重，无论是何种选择，我们要么欣然接受，要么必须面对不忠诚所带来的危害性。因此，当个体选择了不忠诚时，而这又是个体主体性之表现，那么传统的忠诚观无疑受到了来自主体性的挑战。"自由的主体性"则是主体性发展的最高阶段，在此阶段主体能实现"从心所欲不逾矩"。当面对忠诚问题时，主体可以在遵从道德规范的基础上实现意志自由、选择自由，更多地强调"我为"，"我"选择忠诚能为大众带来什么样的利益，这是忠诚实现的最高境界。

另外，现代社会中一个不容忽视的特征是越来越重视人的自主性发展，强调人们要尊重内心的想法，成为自己思想的主人。"自主和自由一样，有两个尺度。第一个尺度描述个体的客观状况、生活环境，是指相对于外部强迫和外部控制的独立、自由，自决和自己支配生活的权利与可能。第二个尺度是对主观现实而言，是指能够合理利用自己的选择权利，有明确目标，坚韧不拔和有进取心。自主的人能够认识并且善于确定自己的目标，不仅能够成功地控制外部环境，而且能够控制自己的冲动。"[①]人发展到自主阶段的一个独特标志是具有承认和处理内部冲突的能力，这种能力表明个体思想逐渐趋于自主，行为的选择面也在不断扩大。对于忠诚问题，个体有自主选择的权利，可以选择忠诚或者不忠诚，可以对是否应该忠诚表达个人的见解，从而做出相应的行为。现代社会给予人们各种"自主"的权利和机会，人们可以"自主"地看待和评价忠诚问题。

二、西方忠诚文化的延展

忠诚文化在西方文明发展中有着较为清晰的发展脉络，大致经历了从朴素自然的忠到以公忠为主的发展过程。

---

① 科恩.自我论[M].佟景韩,范国恩,许宏治,译.北京:生活·读书·新知三联书店,1986:407.

（一）忠诚文化之起源

原始社会中，人们集体劳作、集体生活，对集体有着强烈的依赖感，这种依赖感让人与人之间产生了相互信赖与忠诚。但即便如此，原始社会时期的西方忠诚文化仍然处于蒙昧状态。到了古希腊时期，虽然集权制要求臣民对君主忠诚，但其小国寡民的城邦制却让民主思想悄然产生，忠诚思想也孕育其中并初见端倪，此时臣民的忠诚对象主要是城邦。据历史考证，古希腊政权曾经历过"君主个人统治—贵族集体统治—全体公民集体统治"的发展历史，人们的忠诚观念也是逐渐从忠于城邦过渡到忠于人民。

（二）忠诚文化之发展

苏格拉底是西方历史中著名的"智者"，他崇尚民主、法律，强调尊重人性，他在人生的最后时刻用生命诠释了忠诚。当时的雅典法庭以侮辱雅典神和腐蚀雅典青年思想之罪名将苏格拉底判处死刑，尽管他曾有过逃亡的机会，但是他认为选择逃亡会破坏雅典的法律，同时也会给青年造成坏的影响，最终决然选择饮下毒堇汁而死。他用自己的生命表达对城邦、法律的忠诚。柏拉图在《理想国》中进一步沿承了苏格拉底的思想。他认为如果要维持城邦的秩序，那么城邦中各个阶层的人们要各尽其职、忠于职守，只有拥有智慧、知识和德行的人才能更好地履行忠诚。亚里士多德在《政治学》中则明确提出效忠于现行政体是成为官员的必备条件，同时还应该具有与该政体相适应的品德。他认为"恰当的法律可以拥有最高的权力"，官员应该做到效忠于法律。

（三）忠诚文化之迁进

西欧中世纪，教会成为当时唯一的权威。人们不再像以前那样忠诚于城邦、法律和民主，而是转为迷恋上帝，忠诚的重心也转移到教皇与君主之间，这种现象一直持续了近一个世纪。14、15世纪，欧洲出现资本主义萌芽。经济的兴起，让文化也得以繁荣。文艺复兴时代的到来，使宗教神权的地位岌岌可危，人们开始将斗争的矛头指向神学。意大利政治学家马基雅维利在其《君主论》中指出君主应该选择忠诚于自己的人民。洛克在其《政府论》中批判君权神授，认为统治者的权力来自人民，统治者的最高忠诚准则是忠诚于人民。卢梭在其《社会契约论》中指出人生而平等，天赋人权。人民是国家的主体，统治者要按照人民的意志来行使权力，要忠诚于人民。由此，公忠文化代替中世纪的私忠文化，也对后世的忠诚文化产生了深远的影响。

（四）忠诚文化之回归

工业革命时期，有着"组织理论之父"之称的马克斯·韦伯将政治统治划分为三种类型："传统型""超凡魅力型"和"法治型"。"传统型"是指统治者操控被统治者，被统治者的生活、职位等一切问题与统治者密切相关，被统治者必须对统治者绝对服从。"超凡魅力型"是指统治者因为个人的魅力、才干、智慧而赢得被统治者的忠诚。"法治型"是指既有理性又合乎于权力的忠诚，这种忠诚模式是一种理智的表现，忠诚的目的是为某种组织或个人客观存在的必然利益而服务。20世纪40—60年代，理论界开始注重组织忠诚问题，认为人们只有忠于组织才能更好地具有协作精神并能实现目标，管理者要将成员忠诚集中到有价值的因素上，以此实现既定目标。到了70年代末期，国家强调以公平正义为核心的民主行政，关注道德伦理、诚信、责任等问题，要求人们修身养性，用道德修炼自己，忠诚于良知，忠诚于积极向上的组织机构，忠诚于人民，这使忠诚观念更趋于理性化。

通过对中西方忠诚文化的考量，不难发现两者在内涵、忠诚对象、忠诚主体及内在特质上均存在一定的差异性。中国的忠诚文化自始至终是在道德规范的领域中波动，而西方的忠诚文化则经历了忠于城邦、法律、民主、公正、自由、道义等过程。虽有差异，但我们还是可以发现一些相似之处，最明显的就是中西方忠诚文化都处于公忠发展的主线上，都比较彻底地摒弃了古代忠诚文化的糟粕，批判继承了古代 "忠于国家、民众" 的忠诚因素，并且进一步发展了忠诚的内涵，吸收和强调公平正义及人民的权利。

综上所述，忠诚文化是在人类历史文明发展中所产生的能够被传承的忠诚行为规范、忠诚思维方式与忠诚价值观念。忠诚观源自忠诚文化，也在不断地丰富忠诚文化。长期以来，忠诚文化在不断地演变发展，其赋予忠诚观丰富的内涵精神，使忠诚观在不同的时间轴上不断地自我更新、与时俱进。研究大学生忠诚观培育必须了解忠诚文化，同时还要在培育中传递优秀的忠诚文化内容，从而增加培育的深度与广度。

三、忠诚文化对忠诚观培育的价值

通过以上对中西方忠诚文化演进历程的梳理，笔者发现，忠诚文化既有丰厚的古典文化内涵，又有深刻的现代文化价值。它体现为忠贞坦诚的人生境界、血乳交融的互爱约束、重义轻利的伦理规范、等级有序的社会法则。忠诚文化随着时代的发展不断被充实、被更新，在一次次蜕变中焕发出新的光彩，凝练出更符合时代需求的内容。从一定意义上说，忠诚文化可分为三个层次：一是个体对自身的忠诚。这就要求个体本身要有一种持之以恒的坚守精神，学会 "慎独"，能够控制自己的私欲，严格要求自己，并将忠诚作为人生的信条，珍爱并维护它。二是对他人的忠诚。这种忠诚是一种信任，一种情感，一种具有自我牺牲的勇气和精神，正所谓 "不精不诚，不能动人"。三是对社会的忠诚。这种忠诚是保障社会有序运行的重要法宝。现代社会必须依靠法治、诚信才能保持正常的运行状态。这就要求人们要忠于法律，诚实守信，将忠诚于国家、真理、法律等作为人生信仰，为国家建设贡献力量。

忠诚观培育是指教育者通过有意识的教育活动，使受教育者掌握相关的忠诚知识，形成正确的忠诚观，能够实施符合时代需要的理性的忠诚行为。个体忠诚观具有差异性，必须通过系统的教育使之更加符合社会道德规范与时代需求。良好的忠诚观是个体忠诚理性的基础，是个体对忠诚价值的内在认同和内在需求以及对忠诚知识的良好把握，能够对个体行为产生持久且有效的影响。忠诚观培育是个体品德培育的基础和核心，是使个体践行忠诚法则、成为忠诚之人的有效途径。通过忠诚观培育不仅可以有效地培养个体忠诚之德，还能间接推动社会忠诚文化的建设。

忠诚观培育是传承忠诚文化的有效途径，在培育中要做到取精弃糟。忠诚文化是大学生忠诚观培育的重要内容。忠诚观培育过程主要涉及培育机制、培育内容及培育目的等问题。围绕这些问题，在忠诚观培育过程中，教师必须要为学生创设忠诚文化氛围，更好地完善道德教育机制；以"忠爱""忠正""忠敬""忠善"作为忠诚文化的主要内涵进行忠诚观培育，从而使大学生成为拥有忠诚品格的一代新人。

（一）创设良好的忠诚文化氛围，完善育人机制

忠诚文化氛围，是指在忠诚观培育过程中，由各忠诚要素构成的忠诚文化效应场。在这个效应场中，教师传递优秀忠诚知识，大学生通过置身其中并与之产生感应互动，获得对忠诚知识的认知与体认，从而感受忠诚文化的精神、气质与状态。从孔子的"文、行、忠、信"，孟子的"忠信仁义，乐善不倦"，到《周礼》的"智、仁、圣、义、忠、和"，再到"孝、悌、忠、信、礼、义、廉、耻"以及"忠、孝、仁、爱、信、义、和、平"，忠诚文化的发展一脉相承，它是民族品性的表征与折射，其本质体现的就是社会规范和价值观。对忠诚知识进行有效传递，既依赖于教师对忠诚文化的深刻理解，也依赖于大学生对忠诚知识的有效领悟。因此，在大学生忠诚观培育中教师不能仅仅着眼于现代社会的忠诚认知问题，还应该追溯忠诚文化的历史，使学生感受博大精深的忠诚文化之魅力。忠诚文化为大学生忠诚观培育提供了坚定的理论支撑，通过追根溯源的方式全方位理解忠诚文化，将有效地改变单一的忠诚认知教育方式，从而帮助大学生形成正确的忠诚观。这在一定程度上丰富了道德教育的内容，让道德教育从传统文化中汲取思想营养。

(二)提供优秀的忠诚文化基础,明确育人内容

中国的忠诚文化是在漫长的历史文化发展过程中衍生出来的,既具有思想精华,也存在文化糟粕。譬如"愚忠",就具有封建性、宗法性、自私性和愚昧性等特点,具有消极负面的影响,在忠诚文化传承中应该坚决予以摒弃。优秀的忠诚文化应该以正义为形式,以智慧为核心,以坚守为精神,以向善为旨归。在大学生忠诚观培育中,应重点培育大学生对国家的忠诚、对职业的忠诚、对家庭的忠诚以及对人际关系的忠诚,无论是哪项内容,都必须紧紧围绕"忠爱""忠正""忠敬""忠善"这些忠诚文化的本质内涵进行培育。

"忠爱"就是竭尽全力为他人服务,为大多数人谋取福利。外在行为上表现为忠贞不贰,忠于职守,对自己及他人负责;内在思想上则是"仁"的另一种表达方式,是为人处世的言行准则。忠诚的本义就是要求个体做好自己的本分,对人或事持有同情尊重的态度,做到爱人、敬人,在信任的基础上做到不背叛、无私心,表里如一。

"忠正"就是要做有义之人。"义"的本义是指公正、合宜、合理,它要求人们不离不弃,关键时刻能挺身而出。忠诚要求人们从内心对人或事诚服,并心甘情愿地去做,一心一意地去做。因此,忠诚之人必定是有义之人,忠诚的义应该是有理性的义,是一种责任,它注重的是人与人之间最真实的善心。

"忠敬"是指要恭敬、正直、纯正,不越规矩,对人或事保持一种尊崇态度。一个有着忠诚思想的人,必定会找到自己为之甘愿奉献的人或事,在此过程中,保持着敬畏、崇敬的心理品质,并坚守目标矢志不渝地为之奋斗,这正是"礼"的另一种表现方式。

"忠善"是指忠于良知,强调发自内心的诚实、不欺诈。《忠经》主张:"善莫大于作忠,恶莫大于不忠。忠则福禄至焉,不忠则刑罚加焉。"人与人相处,忠是人伦底线,为善则忠,为恶则不忠。人心向善,是忠诚文化的德行与精神所在。因此,只有将忠诚文化的本质内涵贯穿于忠诚观

培育中，才能让大学生更好地领悟忠诚要义。

（三）拓展理性的忠诚文化思维，强化育人效果

忠诚文化思维是指以忠诚文化的方式、手段、标准去介入大学生忠诚观培育过程。在前文中，我们提倡培育有理性的忠诚观，让大学生在践行忠诚观时具有忠诚理性。同样，我们也需要培育理性的忠诚文化思维方式，让忠诚观培育更为正当、有效。

首先，忠诚文化具有思辨性。《管子·七臣七主》中将天下臣子分为"法臣""饰臣""侵臣""谄臣""愚臣""奸臣""乱臣"，其中最理想的是"法臣"，即总是用风气教化、世道人心去辅助君主。"饰臣"以下均不可效法。《荀子·臣道》中第一次将"忠"分为"大忠""次忠""下忠""国贼"。在《韩非子·十过》中，有"大忠"和"小忠"的区分，所谓"小忠"是指一些不讲原则的"忠"，是"上不能说人主使之明法术、度数之理，以避祸难之患，下不能领御其众以安其国"。也就是说，忠诚是要有原则的，不能无条件服从，要舍弃"小忠"或者"愚忠"。因此，懂得忠诚的人必定是一个有理性思维的人，是一个有良好分辨能力的人，能够审时度势，辨别是非，会选择合适恰当的忠诚言行，做应当做、值得做的事情。因此，在忠诚观培育中必须要让学生清楚不能盲目地去践行忠诚，要学会分辨是非，厘清思路再去行动。

其次，忠诚文化是一种主体性生成文化。忠诚文化强调天人合一，主张以人为主体，要求人们在内心深处培养并确立一种高度的忠诚文化自觉，在社会运行中要注重做符合仁道正义的事情。忠诚文化强调个人不受外力所控，能够相对自由独立地支配生活环境，也能控制住自己的欲望、冲动。这一点与有理性的忠诚观不谋而合。有理性的忠诚观就是要求大学生在践行忠诚行为时保持自己的独立性、自主性，不受某种信条、陈规和强权束缚，能够用自己的思维去支配行为，不盲目顺从他人意愿，对行为具有自决的权利，做到自我控制、自我支配。这也是大学生忠诚观培育中必须坚守的准则。

最后，忠诚文化是一种创造性文化。忠诚文化是一种动态发展的文化，是与时俱进的。在大学生忠诚观培育过程中，要将忠诚文化与社会主义核心价值观中的"公正、爱国、敬业、诚信、友善"思想紧密联系。"忠爱"体现出的仁德之义可以涵养"爱国、敬业、诚信、友善"之德，"忠正"体现出的合理之义可以涵养"公正"之德，"忠敬"体现出的恭敬之义可以涵养"爱国、敬业"之德，"忠善"体现出的智善之义可以涵养"爱国、敬业、诚信、友善"之德。因此，在忠诚观培育中必须将传统忠诚文化的内涵与当代社会主流思想相融合，这样才能最大化地发挥忠诚文化的价值。

综上所述，在对忠诚观及忠诚文化概念进行梳理的基础上，本书进一步厘清了中西方忠诚文化的发展脉络，分析出忠诚文化对忠诚观培育的价值。

第二章

大学生忠诚观
培育的现状与成因

理论既源于实践更服务于实践。经过前一章节的理论溯源，笔者将研究焦点聚焦到大学生忠诚观培育的现实问题中。在实证调查阶段，笔者通过与受访者思想交流，围绕大学生忠诚观是否可教、大学生对忠诚观培育的认知程度、大学生是否接受过忠诚观培育、大学生忠诚观培育的形式如何、影响大学生忠诚观培育的因素等问题展开调查。通过理性审视其现状，坦然直面其问题，深刻反思其原因，最终为有效开展大学生忠诚观培育提供论证基础。

第一节　大学生忠诚观培育的现状调查

本书的实证调查主要采用访谈法，访谈对象主要为大学生、高校思想政治理论课程主讲教师、高校辅导员，访谈对象所属高校分别为安徽师范大学、中国科学技术大学、南京大学、盐城工学院、山东理工大学、齐齐哈尔医学院六所高校。访谈提纲分为学生卷与教师卷两类，访谈内容包括大学生忠诚认知现状和培育现状，访谈形式分为个别访谈、集体访谈和电话访谈，访谈人数为1000人。访谈提纲详见附录。

一、大学生忠诚认知现状

在调查中，笔者发现大学生一方面认同忠诚有利于社会的进步、个体的发展；另一方面对忠诚问题心存疑虑，个别同学甚至怀疑大学生忠诚观培育的可能性。

(一)认同忠诚的价值

(1) 认同忠诚在现代社会的重要性。当被问及"你是从何种途径获取忠诚知识的？""忠诚在社会主义核心价值观中的作用与地位如何？"等问题时，部分大学生的认知为：其一，忠诚知识获取途径主要为文学作品中的历史人物故事，如岳飞精忠报国。其二，忠诚属于社会主义核心价值观的一部分。虽然在社会主义核心价值观中没有明确提及"忠诚"二字，但忠诚与诚信有着密切的关系。诚信强调的是做人做事的基本原则，而忠诚是人们能够"成人""成事"时的道德支撑，蕴涵着人性中最原初的善。如果说诚信是外在的行为，那么忠诚则是内在的品德，是在尽心尽力基础上展现出来的诚意。

（2）认同忠诚是个体优秀品质之一，支持理性忠诚。当被问及"忠诚能否体现个体优秀品质特征？原因是什么？""如果给个体优秀品质的诸要素进行排序，忠诚能排在什么位置？"等问题时，多数大学生认为，忠诚是个体优秀品质的一部分，它是一种奉献、一种责任心、一种使命感，是人与人之间相互信任以及个人与社会安全的重要保障。在优秀品质要素"自信、自尊、自立、乐观、坚韧、勇敢、进取、勤奋、认真、负责、自制、诚实、正直、善良、忠诚、宽容、谦逊、孝顺、感恩"中，只有30%左右的学生将忠诚放在首位，其余的学生认为忠诚作为优秀品质的重要性不及"善良、坚韧、正直"等，但大多数学生认同忠诚属于优秀品质之一。当被问及"你认为什么类型的忠诚观是合理的？"时，大学生的回答可总结为以下几点：一是杜绝"愚忠"行为。在忠诚行为中，若只会履行外部要求或命令，而不去思考，不能发挥积极性、主动性，则这种忠诚方式是不可取的。二是忠诚对象选择的合理性。凡是不利于人类社会发展、有悖于社会道德规范的忠诚方式是不可取的。当被问及"你怎么看待职业忠诚？"时，部分大学生的回答可总结为以下几点：一是认为必须遵守职业忠诚；二是如果更换职业的结果是利大于弊，则可以选择"不忠诚"，但前提是不能出现有损于前职业的行为；三是认为所谓职业忠诚就是对事业要有献身精神和执着追求，集敬业、乐业、勤业、精业于一身，是人们对自己所从事的工作和职业发自内心的尊重。

（3）认同忠诚在人际交往中的重要性。当被问及"在与别人的交往过程中，你最看重别人什么品质？"时，超过一半的学生认为忠诚最为重要。他们认为自己与忠诚的人交往感觉比较踏实，而且在交往中忠诚品质能对自己产生正性影响。当被问及"在大学阶段，你认为忠诚于什么是最重要的？"时，选择"忠诚于朋友"的大学生占78.4%，选择"忠诚于国家"的占10.7%，选择"忠诚于亲人"的占10.9%。大学生普遍认为，大学阶段是自己的思想形成、发展、基本成型的重要时期，所以与朋友交往显得尤为重要，如果朋友出现不忠诚的行为则会对自己产生很大的影响。这种影响，一是会造成自己的信任度缺失，防范心理加重；二是会让自己产生心理上的挫败感，影响自信。

（二）质疑忠诚存在的必要性

在调查中，也有少数大学生对忠诚持保留或者否定的态度。

（1）认为忠诚思想是封建社会遗留的产物。当被问及"你认为在现代社会中忠诚很重要吗？"时，有37%的学生认为忠诚不太适合现代社会发展。理由如下：一是忠诚的社会基础已不存在。持本观点的学生认为，忠诚不是当下时代的产物，它是特定年代社会对个体的一种需求，如封建社会中帝王的唯我独尊要求人们必须忠诚于他，而这种现象在当代社会不会产生，因为忠诚的社会基础已不存在。二是忠诚行为的不对等性。持本观点的学生认为，现代社会缺乏诚信，一种忠诚行为并不能引发对等忠诚行为的产生。三是忠诚对象的不明确性。由于受当下社会多元价值观影响，人们的价值选择多样化，导致了忠诚对象的多样性和不确定性。持本观点的学生认为，不知道应该对什么忠诚或者是什么能够值得自己忠诚。甚至，有学生认为，忠诚思想束缚了人的思想自由，忠诚行为只一味地拼尽全力去做一件事情，体现的是对外界人或事物的一种执着情感，具有强迫性，是一种对自由的违背。

（2）认为为了争取利益，可以放弃忠诚。当被问及"如果忠诚让你的利益受到损害，你会选择什么？"时，有学生认为可以放弃忠诚，赢取利益。他们觉得争取利益更为现实，能得到自己期待的结果。如果自己的利益都受到损害，这样的忠诚反而是不理性的。也有部分学生认为能力比忠诚更重要。他们觉得现代社会发展迅猛、竞争激烈，特别是企业，对员工的要求不是只会做事的人，而是一个能为企业创造效益的人才。如果一个人没有能力，只懂得忠诚，在利益驱动下很快会被淘汰。

（3）对忠诚观培育心存疑虑。在调查中笔者发现，大学生有一个潜在的疑问，即"忠诚观是否需要教"。部分大学生认为，忠诚本身作为一种伦理道德，并不一定需要通过正规的教育途径去传授。在这样的前提下，忠诚观的地位就略显尴尬了，一方面是非常高深的伦理观念，另一方面却又显得空洞远离尘世。对于个体来说，忠诚行为产生的正性效果具有延时性，无法满足个体潜在的追逐功利的心态，当一种行为无法满足人们的实际需求时，这种观念或行为往往会被人们所忽视甚至抛弃。

综上所述，由于受到社会各种思潮、多元价值观的影响，加上缺乏系统有效的忠诚观培育，大学生对忠诚的认知总体来说是较为模糊、混乱的，有时候甚至会出现矛盾或冲突。因此，笔者认为很有必要通过适当的培育途径来解决这些问题。

二、大学生忠诚观培育现状

在访谈中，访谈者在不断提出问题的同时，访谈对象也在不停地向访谈者进行反提问和质疑，很多问题让访谈者自己也陷入了深思，这也为研究提供了更为广阔的空间。现对大学生忠诚观培育的现状加以总结。

(一)积极方面

(1)高校能够为忠诚观培育提供正确的途径。高校是优秀人才的集中地，能够为大学生提供系统的知识体系，对大学生忠诚观的培育也是遵循着知识与实践相结合的教育方式。教师在课堂上将正确的忠诚知识传递给学生，无论数量是否多，内容是否深刻，所传递的忠诚知识至少是有利于社会发展、有利于健全大学生道德品质的。同时，围绕忠诚所开展的主题活动也有利于丰富大学生对忠诚的实践认知，增加大学生践行忠诚行为的机会。因此，无论是知识的传授还是实践活动的开展，高校无疑为大学生忠诚观培育提供了良好的途径。

(2)高校对中华优秀传统文化的重视程度加强。习近平总书记指出，中华优秀传统文化是中华民族的突出优势，是我们最深厚的文化软实力。

高校是传承优秀文化的重要场所，是国家文化软实力建设的重要基地，是高端人才培育的关键场所。传承优秀传统文化，是高校开展立德树人的根本需求，也是高校推动建设社会主义强国的战略使命。在访谈中，访谈对象对本校开展的优秀传统文化教育表示支持和认可，也赞同要深入挖掘优秀传统文化资源，认同中国社会主义建设需要根植于优秀传统文化的沃土。他们认为学校要将优秀传统文化与社会主义核心价值观的宣传教育相结合，重点传播优秀传统文化中的讲仁义、重民本、守诚信、崇正义、求大同等价值理念，发挥好优秀传统文化涵养社会主义核心价值观的重要作用。但是就目前现状来看，忠诚观培育在高校的优秀传统文化教育中没有占据很重要的地位，这说明高校忠诚观培育还有一定的拓展空间。

（3）高校能够为大学生忠诚观的形成提供更开阔的成长空间。在忠诚观培育中，有的教师能够做到不囿于书本知识，给予学生充分的思考、辨析空间，让学生思考忠诚的现代价值、如何表现出合理的忠诚行为等问题，为学生创设"忠诚两难"情境，切实有效地提高学生的思辨能力，让学生做到不盲从、不唯书。

(二)消极方面

（1）忠诚观培育方式的有效性有待提高。在访谈中，访谈者对高校忠诚观培育方式及其对大学生所产生的影响进行了调查。在被问及"学校提供的忠诚观培育方式有哪些？你觉得哪几种方式对形成正确的忠诚观有帮助？"时，访谈者给出七类方式，包括"思想政治理论课程教学""选修的人文、社会、科学等课程""辅导员的帮助和引导（主题班会）""专业课老师、导师的课后引导""学校、学院组织的主题性教育活动""校园文化活动""社会实践"。访谈结果如表2-1所示：

表2-1　忠诚观培育的七类方式

类别	方式	认为通过此方式获得忠诚观培育的学生数比率	认为此培育方式对自己产生影响的学生数比率
第一类	思想政治理论课程教学	100%	≤20%

类别	方式	认为通过此方式获得忠诚观培育的学生数比率	认为此培育方式对自己产生影响的学生数比率
第二类	选修的人文、社会、科学等课程	50%	≤15%
第三类	辅导员的帮助和引导（主题班会）	10%	50%
第四类	专业课老师、导师的课后引导	≤5%	30%
第五类	学校、学院组织的主题性教育活动	≤5%	80%
第六类	校园文化生活	15%	80%
第七类	社会实践	60%	80%

根据表2-1，笔者发现第一类、第二类、第七类是忠诚观培育的主要途径，但是第一类和第二类方式对大学生产生的影响却并不高于其他几类。第三类和第四类属于师生之间的沟通交流，这种启发互动式教学方式更易于学生接受知识，也更易于让知识深入学生的心灵，因此，对大学生产生的影响高于第一类和第二类。第五类、第六类和第七类则给予大学生充分践行忠诚观的空间，让学生在行动中体验忠诚，虽然实施时间短，但影响远超第一类和第二类。因此，作为大学生忠诚观培育主要途径的思想政治理论课程要进行反思改革，思考如何将课程知识与社会实践相结合从而得到学生的认可。

（2）忠诚观培育的内容单一。目前高校忠诚观培育内容较为单一，主要存在以下几个问题：一是没有针对大学生道德发展水平开展相应的忠诚观培育。大学时期是个体道德发展以及世界观、价值观、人生观形成的关键时期，而忠诚会为个体的价值观提供正确导向，提升个体的道德水平。二是没有结合时代特征去开展忠诚观培育。就目前忠诚观培育来看，内容较陈旧，没有针对社会发展中所出现的新问题展开研究，只是一如既往地沿用旧的教育内容，没有做到与时俱进。三是对忠诚的本质内涵研究较少。可以说，现在的忠诚观培育呈现给学生的是应该要履行的忠诚行为，有着明确的忠诚对象，而很少探讨为什么要履行这些忠诚行为以及如果不履行会有什么样的结果。也就是说没有给学生更多思考的空间，让学生辩证地去看待问题。四是机械地教授忠诚知识，没有引导学生理性对待忠诚。在这种"授人以鱼"的教育模式下，学生面对忠诚行为与外界冲突时，就可能显得不知所措了。在访谈高校辅导员时，他们对于忠诚观培育的现状总结如下：一是专门围绕忠诚观开展的主题教育活动较少。偶尔会围绕一些"极端爱国主义"事件开展主题班会，主要是引导学生树立正确的爱国理念。二是认为忠诚的内涵过于丰富，自己不太好把握，单纯的说教显得空洞乏味。现代大学生追求思想上独立自由，一些人认为"忠"字对他们来说会让自己显得"笨拙"，因此高校开展较多的是诚信教育。在访谈思想政治理论课程主讲教师时，他们对于忠诚观培育的现状总结如下：高校大学生思想道德修养课程中涉及忠诚的内容只有"爱国主义""职业道德教育"以及婚姻家庭教育，但是这些内容中并没有明确提到"忠诚"，只是蕴含了忠诚的内涵。这些内容通常被认为是约定俗成的社会道德理论，无须过多深入探讨，有的教师在教学中甚至直接跳过这些内容，而之后在整个必修课程中也没有专门的忠诚教育专题。就目前来看，忠诚观培育的内容进入高等教育课堂中是少之又少。

（3）忠诚观培育的实践力度偏弱。在忠诚观培育的实践途径访谈环节中，大学生给出的实践途径如下：65.8%的人认为通过"观看有关忠诚内容的专题纪录片"获得忠诚观培育实践途径；5.7%的人认为通过"开展忠诚人物事迹的学习活动"获得忠诚观培育实践途径；12.5%的人认为通过"与先进人物面对面的交流活动"获得忠诚观培育实践途径；16%的人认为通过"走入社区开展中华传统忠诚文化道德宣讲活动"获得忠诚观培育实践途径。这个数据表明，忠诚观培育的实践途径主要集中在课堂的延伸教育中和学校开展的专题讲座或报告中，这些实践途径易于学生接受、贴近学生生活，因此深受学生喜爱，但由于属于集中教育，仍然存在着深度不够、时效性短、体验性弱等特点，学生并没有充分践行忠诚观的实践机会。

第二节　大学生忠诚观培育存在的问题
及成因分析

　　根据上一节的分析，我们不难发现大学生忠诚观培育存在一些问题。笔者认为造成这些问题的主要原因包括社会转型时期多元价值观对传统价值观的冲击，以及学校教育应对实际问题较为迟缓、滞后等。

一、大学生忠诚观培育存在的问题

（一）地位边缘化，缺乏关注度

　　我国隋朝的科举制开创了考试制度的先河，自此以后，考试成为检验受教育者学习水平高低的重要手段。应对考试（简称"应试"）的说法也就应运而生了，直到今天，应试教育仍对我国的基础教育产生重要影响。应试教育的关键点是"考什么"就"教什么"，强调的是灌输知识，"填鸭式"的教育大大加重了学生的课业负担和心理负担。在应试教育影响下，学生的艺术素养、健全人格、精神素质、道德观提升教育显然被忽视，甚至被边缘化了。忠诚观培育隶属于道德教育范畴，是对学生思想、行为的一种道德教育。忠诚观培育的重点是让学生对国家要有坚定的理想信念、高尚的爱国主义情操，对事业要爱岗敬业、诚信精业，对他人要忠于规范、诚恳待人。

　　目前一些高校过于关注升学和就业等问题，使得本来与提升大学生品德有着重要关系的忠诚观培育没有得到足够的重视。另外，作为一种观念的传递，不应该局限于采用和其他知识相同的传授途径和检测手段，不能强制性地、生硬地将前人的认识完全传递给大学生，而应该通过一种比较分析的方式，让大学生学会理性辨识和思考，从而引导大学生树立正确的忠诚观，缩短他们对忠诚价值的探索过程。然而，就目前的情况来看，高校大多还是照本宣科式地传授忠诚知识，有的学校甚至直接跳过忠诚知识的内容，而一些学生也是将其作为一项学习任务来完成。这样一来，大学生难以将忠诚内容内化、将忠诚观念固化，更难以在以后的社会实践中恰当地运用。这说明无论是教师还是学生对这个问题都还没有足够重视。

因此，高校应当提升忠诚观培育在大学生教育中的地位，转变教学理念和模式，将大学生忠诚观培育落到实处。

（二）理念滞后，缺乏针对性

《中共中央国务院关于进一步加强和改进大学生思想政治教育的意见》进一步明确了高校思想政治教育工作的指导思想和主要任务。该意见要求新的道德教育理念要坚持解放思想、实事求是、与时俱进的原则，体现时代性，富有创造性，把握规律性，坚持以人为本的德育理念，以促进学生的全面发展为根本目的，解决"培养什么人"的问题。同时，要求高校思想政治工作者始终从大学生全面发展、健康成长的需要出发，更好地实现大学生的根本利益，解决"如何培养人"的问题。忠诚观是价值观的一种，价值观的形成与日常的知识传授有着本质上的区别，价值观的形成是一种能动的思维过程，而不是简单的接受。

在现代高校课堂中，价值观教育和知识教育的方式途径基本相同，即将现有的、正确的价值观直接传授给学生。但这些观念有时候落后于学生的多元化思想，难以满足他们成长的需要。思想政治教育本质上来说是让学生成为一个道德人，更为关注学生的生存发展需要及价值取向，以便让学生更为适应社会发展，实现全面发展。忠诚观培育作为思想政治教育的一部分，应做到以学生为主体，根据学生的心理及思想发展特点明确提出培养怎样的忠诚观以及怎样培养符合时代需求的忠诚观。

从学科建设上来说，价值观教育与知识传授地位相当，某些情况下价值观对个体的影响甚至超过知识。在部分教师心中，忠诚观教育尚未形成理论体系，他们只能根据书本内容以及自己的认知去进行教学，在教授过程中没有充分关注学生的兴趣以及实际需要，选取的内容有时候与受教育者的年龄、心理不完全相称，与实际脱节。例如，在大学阶段，学生感兴趣的可能是如何忠诚于自己的感情和如何在就业中履行忠诚行为，作为教师不仅要教会学生应该怎么做，还要培养学生在面对忠诚问题时有良好的分析问题、解决问题的能力，而这一切建立的基础是对忠诚内涵的深刻领悟。因此，忠诚观培育应深入学生丰富的内心世界，与学生形成思想上的共鸣。

（三）内容刻板，缺乏生动性

这里的生动性是指所传授的知识内容活泼，既有趣味又充满哲理。忠诚观培育的目的是让大学生较好地继承中国传统忠诚文化，并能结合当下社会需要去正确运用，最终提升自己的道德品质，优化自己的道德习惯。忠诚观培育隶属于思想政治教育，教师通过特定的课程将一定阶级的思想观念、政治观念、道德规范传递给学生，使他们的实践活动符合当代社会的需要。在高校"马克思主义基本原理概论""毛泽东思想和中国特色社会主义理论体系概论""中国近现代史纲要""思想道德修养与法律基础""形势与政策"五大思想政治理论课程中，忠诚观培育的核心内容是爱国主义。"以热爱祖国为荣，以危害祖国为耻"，做一个忠诚的爱国者，是对当代大学生的基本要求。除此之外，对忠诚的其他内容涉及较少，难以让学生留下深刻的印象。在教育过程中，教师一般重点教育学生要有爱国主义思想，但对于如何做到理性爱国探讨得不多，也较少与社会上出现的现实问题相联系，内容显得单一。这就导致大学生在实际生活中真正遇到与忠诚有关的问题时，仅仅依赖课堂所学的知识去解决问题是远远不够的。

（四）方式抽象，缺乏有效性

目前关于忠诚观培育的方式主要分为两类，一为课堂传授知识，二为个体自身的文化传承。忠诚观培育一方面要重视课堂教学，另一方面要充分利用家庭和社会的教育力量。忠诚观培育要形式多样地贯穿于个体的整个受教育过程。

忠诚观并不是具有具体形象的物质，它存在于人们的意识中。忠诚观既是对中华传统忠诚文化的历史传承，也是社会发展过程中各阶层在亲身实践后对忠诚的性质、构成、标准和评价的看法与态度的总和。教育者如果采取抽象的方式和语言进行忠诚观培育，那么培育效果肯定不尽如人意。

大学生忠诚观培育是对大学生的一种潜移默化的养成教育，要让大学生不仅接受忠诚观而且能内化为个体的行为。因此，在教育中不仅要注重语言表述的生动形象，还要尊重个体的差异，关注个体的利益。尊重个体的差异是指大学生的思维水平、觉悟水平、判断能力、对价值观的认知水平参差不齐，教育者不能用统一的、标准的思想去固化学生的思维，而应接受他们对忠诚观多元的理解方式，并在此基础上引导学生正确理解忠诚思想，帮助他们形成符合道德规范、有着自身特色的正确的忠诚观。关注个体的利益则是指教育者不要过分夸大忠诚观的绝对性和忠诚功能的强大性，不能为了实现忠诚片面地要求学生放弃个人利益。一项调查研究发现，大学生在考虑自我价值取向时，既不会完全以为社会做出贡献来评判自我价值取向，也不完全将实现自我价值作为实现人生价值的出发点和归宿[1]。因此，教育者在进行忠诚观培育时，应当注重对如何兼顾个人利益和集体利益、个人利益和他人利益进行正面疏导，而不要过分强调舍己为人的"单边主义"做法[2]。只有充分兼顾个人利益，才能让忠诚观培育更加深入学生心灵。

---

[1] 阳智明,陈延斌.当前大学生价值观的特征分析与教育建议[J].中国青年研究,2006(9):52-54.

[2] 朱志明,朱百里.大学生核心价值观形成的学校教育因素研究[J].漳州师范学院学报(哲学社会科学版),2011(1):160-164.

（五）主体性体验不足，缺乏互动空间

忠诚观是个体对待忠诚的态度、看法及观念，它的形成与发展不仅仅依靠自我习得，更主要的是通过教育来传播。相对来说，社会教育、家庭教育、学校教育的影响是最大的。在忠诚观培育的过程中，教育者是按照国家统一制订的教材内容进行授课，他们不仅传递知识，还会将个人对忠诚的理解一并传递给学生，这是教育者主体地位的体现，教育者充当了一种道德传播媒介。如果教育者拥有深刻的道德认知、精准的价值判断以及较高的道德素养，那么学生很容易受到良好的教育。但是，忠诚观培育并不是简单的知识传授，而是要让人学会思考，在思考中把个体本身潜在的东西挖掘出来。也就是说，在忠诚观培育过程中，学生能否真正地接受、领悟忠诚内涵还需要他们的主动认知、切身实践，并且教育者要时刻关注学生的内心体验与实际需要。

然而目前一些高校的忠诚观培育过于强调教育内容的权威性，忽视了受教育者的主体性，受教育者缺乏表达思想的空间。现代思想政治教育是以探索人的生命存在与价值为基础，强调个体的价值观与主流意识形态相一致，希望教育者与受教育者之间能够产生思想互动和情感交流。这种教育遵循着"价值感知—价值认同—价值共识"的规律。从价值观的构建体系来说，忠诚观的构建是一个实践性过程，但在实际教学中，有些教育者在侃侃而谈之后很少再给予学生思考的空间，他们很少去倾听学生心里真正的想法。这就导致学生在教育过程中的主体性不能得到有效发挥，也使忠诚观培育陷入困境。

（六）培育过程知行脱节，缺乏连续性

"知是行之始，行是知之成。"意即人们要按照道德的要求去行动才能真正地达到知。就目前大学生忠诚观培育来说，一些教育者过多注重知识理论的灌输，而较少关注忠诚行为的践行，没有为学生提供足够的实践教育空间，导致大学生缺乏实践的经验和体验。忠诚只有在实践中才能体现其价值意义，大学生只有真正履行了待人忠诚、忠贞不贰、忠于职守、爱

岗敬业、忠于党和国家、忠于人民等行为时，才能真正理解、内化和运用忠诚观的内涵和要义。

若知行脱节，忠诚观培育的连续性也就无法得到有效保障。所谓培育的连续性是指一种教育行为具有持续一贯性。就个体的受教育阶段来说，可分为学前教育、小学教育、中学（中等）教育和高等教育。在学前教育期，教师主要是教育孩子要做一个诚实的人，诚实应该是个体忠诚观的萌芽形态。小学阶段德育重点是帮助学生形成良好的道德意识和行为习惯，与"忠诚"相关的主题教育不多，可能在"升国旗，唱国歌"的仪式教育中让学生感受祖国的伟大，激发学生的爱国热情。到了中学（中等）教育期，忠诚教育的内容更多的是与爱国主义教育紧密相连，忠诚于祖国是个体最为核心的忠诚观念。这种教育从根本上来说，属于品德养成教育，具有随机性。对于中学生来说，他们知道应该要忠诚，但被问到"如何去践行忠诚"以及"忠诚的价值是什么"时就不知道了。到了高等教育期，随着个体思想的成熟、情感的丰富、人际互动频率的增多，"忠诚于朋友"成为其核心观念。此时的爱国主义可能会出现两种极端的方式，一种是只要做个遵纪守法的好公民就是爱国，另一种是爱国热情极度膨胀，以致走向极端，与爱国主义的本义相悖。等到步入社会，个体可能更加注重情感上的忠诚，如忠于亲情、爱情，或是理性化的忠诚，如忠于事业。在这个过程中，忠诚观培育要有连续性，要在个体忠诚观发展过程中持续发挥作用。

二、当代部分社会思潮对大学生忠诚观培育的影响

社会思潮是指在一定历史时期内，建立在一定的心理基础上，以某种理论作为依据，带有某种倾向性的思想，它对社会的运行和发展有着一定的影响力。正确的社会思潮与社会主流意识形态相互交融，可以推动社会前进发展；反之，则会阻碍社会的前进步伐。当代中国社会存在不少社会思潮，而这些思潮相互交织会对人们原有的价值观、道德观以及生活观念

产生一定影响。其中，对大学生忠诚观培育造成一定影响的主要有新自由主义、民族主义和极端利己主义。

（一）新自由主义的影响

新自由主义作为国际垄断资产阶级理论，秉承古典经济自由主义原则，以个人主义为第一特征，认为私有制是最合理的社会制度，资本主义市场经济具有自我完善性，反对国家进行全面干预。新自由主义对大学生忠诚观培育的影响，主要体现在否定爱国主义精神和个人主义极端化两个方面。

新自由主义坚持把爱国主义说成是"狂热的民族主义"，认为"自由主义衡量一个国家是否值得一爱，要看这个国家对其公民的自由和权利的态度"[①]。这些论点，严重混淆了爱国主义与一个时期国家当政者的界限，把人们对自己祖国的历史文化、民族传统以及对人民和自然生态的深厚感情，变成一种交换价值，待价而沽。"爱国的前提是通过像共和、宪政、民主这样的政治制度设施使国家真正成为属于每个公民的'公器'。没有体现'公器'的新制度，就不可能有真正的'爱国'和政治的统一。"[②]这些论述很显然是大力推崇资本主义制度，漠视人民的爱国情怀和民族精神。

爱国主义是大学生忠诚于国家最基本的表现，也是忠诚观培育的核心内容之一。可以说，在中国无论教育处于何种阶段，爱国主义教育始终存在并产生重要的影响。高等教育阶段，学生的思维能力、辨识能力虽然有了很大的提升，但在其价值观尚未定型、固化的情况下，极易对新出现的声音产生好奇。此时如果没有正确思想的引导，学生则可能会陷入认知的误区。因此，在忠诚观培育过程中，教育者不能仅仅进行简单的说教，而应该让学生学会分辨是非，警惕不良思想的影响。

另外，个人主义是新自由主义的第一特征，主要表现为主张个人独立自主，强调只有个人才能进行选择，将个人权利视为生命，认为个人权利尤其是个人的自由权利是神圣不可侵犯的。新自由主义者认为，自由主义

---

① 刘军宁.北大传统与近代中国:自由主义的先声[M].北京:中国人事出版社,1998:422.

② 梅荣政,张晓红.论新自由主义思潮[M].北京:高等教育出版社,2004:173.

的根本价值在于真正实现个人的自由选择，个人价值充分自由的实现，是获得社会价值和公共利益的足够保证。这种错误的个人主义思想影响了大学生对忠诚的认知和践行。

（二）民族主义的影响

民族主义是对本民族表现出强烈的爱国主义情感，有时候它是一种思想润滑剂，具有凝聚整合功能，可抵御外来侵略；但有时候它会让狂热占领人们的头脑，引起分裂、战乱和倒退。在大学生忠诚观培育中，民族主义教育是非常重要的内容之一。它从民族认同度、忠诚度出发，培育学生的民族意识和民族认同感，维护本民族利益，增强学生捍卫民族独立、平等和繁荣的信仰。可以说，民族主义教育是增强大学生爱国主义思想的重要手段。教育者一方面要认清民族主义对大学生忠诚观培育的积极影响，对大学生进行正确的民族主义教育，尤其是马克思主义民族观教育，让大学生形成正确的民族观，提升大学生的民族认同感和自豪感，增强大学生的民族向心力和凝聚力，让爱国主义思想深入人心；另一方面，也要认识到民族主义的极端发展趋势。有时候民族主义容易被极端主义分子非法利用，演变成极权主义，表现出一种非理性、扭曲的甚至是暴力的爱国主义行为，这与民族主义的本义是相悖的。这种负面的思想行为同样会影响到大学生忠诚观培育。

因此，忠诚观培育要给予学生正确的引导，提升他们的辨识能力，教育他们爱国要有理性，要有大局观，不仅要爱自己的同胞，还要用文明的方式表达自己的爱国思想。

（三）极端利己主义的影响

极端利己主义把个人利益放在至高无上的位置，认为损人利己是允许的，愿意不择手段地去追寻个人利益。它有两个特征：一是认为人性是自私的，人们追求幸福和快乐是与生俱来的；二是利益唯"我"最大，认为"我"就是一切，个人利益永远高于他人和社会的公共利益，时刻都以自我为中心。

极端利己主义与忠诚的本义是相违背的，严重干扰了个体忠诚观的形成。其对大学生的影响主要表现为两个方面：一是影响大学生形成正确的价值观。大学生思维活跃，对事物认知处于发展阶段，个体世界观、价值观、人生观尚未发展定型，极易受到社会思潮的影响。一旦极端利己主义乘虚而入，学生具有的责任感、使命感就会逐渐消退，集体主义思想也会受到严重影响，这些与当下的社会主义核心价值观是相违背的，也与忠诚的本质相背离。二是影响大学生对"义""利"的辩证认识。忠诚观的形成过程，也是"义"和"利"相互博弈的过程。"义"是指合宜、公正、合理，它有两大特征：一为有"义"的行为不会考虑自己的利害得失；二为注重行为过程的尽心尽力，不考虑结果。而"利"则是利益、功利之意。对"利"的追求就是只考虑个体行为产生的最大快乐，对于个体来说就是"我能获得什么"。

实际上，"义"和"利"应该包含两种关系，一种是相生相长。"义"可以制约"利"，"利"本身含有一定的盲目性，而"义"则可以给"利"提供精神导向，让个体明确怎样产生正义的、有道德的"利"。可以说，"义"在此时具有约束个体行为的功能。"义"和"利"在一定情况下可以相互转换。如某人向灾区捐款，虽损失了个人利益，却维护了国家、民族的大义，这本身就体现了"义"；某商人在经营过程中坚持信誉第一、顾客至上，结果生意兴隆、财源广进，这就是"义"转化为"利"的结果。"义"和"利"的另一种关系是相互对立。从类别上来看，"利"可以分为个人之利和集体之利；从性质上来看，"利"可以分为正当之利和非法之利。在社会主义道德规范中，极端利己主义是不被认可的，通过不合法手段获得的"利"更是会被抛弃的。每个人都追求利益，这是客观存在的。由于个体所占有的社会地位、社会资源等因素不同，追求利益本身和追求的过程就会存在差别或对立。利益取向的不同会让个体在追求利益的过程中只按照自己的道德评判标准去行动，这样"义""利"之间产生冲突在所难免。因此，人们追求利益的差别越大，社会的"义""利"冲突就会越明显。而极端利己主义则把人们对利益的追求无限放大，让大学生无法以理智、有限、共赢的心理状态去追求"利"，这些都阻碍了忠诚观的培育。

三、忠诚文化传承的困扰

文化是一种社会现象，是国家或民族在人类漫长历史发展中所形成的习俗、艺术、规范、思维方式及价值观念等，是一种可以被传承的精神活动或产品。文化传承是指人类通过言传身教、口口相传、教育教学等方式对文化进行传递继承，从而使文化得以保存和延续。"对历史文化特别是先人传承下来的价值理念和道德规范，要坚持古为今用、推陈出新，有鉴别地加以对待，有扬弃地予以继承，努力用中华民族创造的一切精神财富来以文化人、以文育人。"①可以说，良好的文化传承对国家发展有着重要意义。哈里森认为，文化本身不是一个自变量，它的变化波动受到当时的政治、经济以及历史环境的影响。纵观中国忠诚文化历史演绎，笔者发现，不同时期忠诚文化有着自己的时代特质，从忠诚文化诞生到新文化运动爆发之前，忠诚文化基本保持着平稳的发展态势。当西方列强侵略中国之际，在"德先生""赛先生"的政治呐喊中，"打倒孔家店"的呼喊应运而生，传统儒学思想受到了强烈的冲击。随着封建王朝的灭亡、皇权势力的瓦解，忠诚文化也从国人思想上宏观的"大一统"缩至以"情"为核心的相对微观领域的"忠"。这样的忠诚文化更具有理性，更符合人际交往的原则。

（一）忠诚文化传承间断

忠诚文化的发展历程并非是连续的，而是经历了"发展—稳定—微滞"的过程。可以说，忠诚文化具有强大的时代烙印，它随着封建王朝的灭亡而跌落到文化领域的谷底。断层文化论认为，文化的沿袭、演变是一个波动起伏的过程，在某个阶段可能会停滞也可能会倒退，但总体的演进

---

① 本刊编辑部.习近平论中国传统文化:十八大以来重要论述选编[J].党建,2014(3):9.

过程还是前进式的。文化发展过程中，起主要作用的是文化的跃进、裂变、失落和绝灭等突变方式，而不是简单的量变到质变。可以说，忠诚文化的这种发展历程也凸显了文化演变的自身规律。正因为忠诚文化传承中出现了间断，人们才会感觉文化缺失，才会重新审视与弥补缺失的文化。因此，我们需要重新认识忠诚文化在社会发展中的意义与作用，不断更新忠诚文化的内涵，从而更好地适应时代的发展，这也是当代中国文化建设中的一个重要任务。

(二)忠诚文化冲突

文化冲突是社会生活中两种相互对立的价值规范和行为方式所产生的对抗与矛盾。传统忠诚观是一种道德规范，它不仅是人与人之间良好情感的天然纽带，也是国家稳定的重要基础。在现代社会，随着西方文化的侵入和多元价值观的出现，传统忠诚观中的"绝对忠诚""全力以赴"等观念已不能完全适应社会发展需要，有时甚至与一些价值观念相背离。当矛盾产生时，传统的忠诚文化就不能抱残守缺，而要认真分析冲突产生的原因，寻求更为广阔的新的文化世界。多元文化的交织，呼唤异质文化之间相互理解、包容、接纳和认同。我们要接纳冲突，同时也要认识到这是文化自我更新的良好时机，也是运行与实现新兴传承模式的重要途径。

(三)忠诚文化产生危机

文化的危机包括内源性文化危机和外源性文化危机。"内源性文化危机是指在没有或基本没有外来的异类文化模式或文化精神的介入和影响的情况下，由于文化模式内在的超越性与自在性矛盾的冲突和文化内在的自我完善的合理性要求而导致的文化失范。"[1]外源性文化危机，是指文化需要借助外来的新文化模式或文化精神的冲击才能达到文化整合与重建。而忠诚文化在当代社会所面临的危机就属于外源性文化危机背景下的传统文化创造性重构。现代社会处于深刻的转型时期，经济全球化势不可挡，多

---

① 衣俊卿.文化哲学:理论理性和实践理性交汇处的文化批判[M].2版.昆明:云南人民出版社,2005:143.

元的外来文化不断冲击着本土文化。大学生心智尚未发展成熟，对新事物抱有强烈的好奇心，容易受到外来文化的影响。忠诚本身能够给人力量，可以成为道德动力的源泉，但这种品德也有一定的缺点——不同忠诚之间容易形成冲突。目前，传统的忠诚观念还无法为这样的问题提供有效的答案，而西方的"功利主义"道德观、"自我存在论"等思想则开始对传统的忠诚文化予以怀疑甚至抛弃，传统的忠诚文化慢慢被边缘化。因此，忠诚文化如果想保存自身的生存空间，就必须要以危机为契机，及时更新内涵，适应时代发展。

四、忠诚度自身可能存在的递减规律

忠诚度是一个量化的概念，是对忠诚状况的一种描述和度量。忠诚强调的是做事要尽心尽力，一个"尽"字就是要求人们对忠诚对象奉献出全部真挚的感情。忠诚对象在尽忠者心中的地位越高，就可能会出现越多的尽忠行为。无论在何种领域，忠诚都是双向互动行为，必须互相忠诚才能得以维持。学者任治俊在《忠诚度递减律初步——一个理论假说》一文中，将忠诚度的影响因素分为自然因素（生理发展的不同阶段、心理变化、时间、空间）、社会因素与其他因素。在自然因素中，生理发展的不同阶段，个体对外界事物的认知水平是变动发展的，而且随着时间的推移、情感的转移、思想的转变以及新追求的不断涌现，忠诚会显得很不稳定，出现波动在所难免。特别是双方的忠诚度达到一定峰值后，可能会处于逐渐衰减状态，原有的忠诚关系失去平衡，需要重新注入新的要素以维持原有的忠诚水平。根据此理论可知忠诚度递减规律具有客观性，作为教育者应该认识到这种客观性，寻求可能存在的新的忠诚要素，不断进行强化刺激，有效维护个体忠诚水平的稳定性。

综上所述，大学生忠诚观培育由于各种主客观因素的影响存在一些问题。下一章笔者将分析大学生忠诚观培育的必要性与可行性，从而为忠诚观培育的方法与实践形态寻求出路。

第三章

大学生忠诚观培育的必要性与可行性

通过理论溯源与实证调查，笔者迫切地感受到大学生忠诚观培育的必要性以及让他们全面理解忠诚内涵的紧迫性。一般来说，个体完整的忠诚知识体系主要包括政治忠诚、职业忠诚、亲情忠诚和人际忠诚，开展大学生忠诚观培育既是对大学生忠诚知识体系的完善，也为其能够更为自觉理性地践行忠诚奠定基础。另外，丰富的学界理论和大学生自身道德思维发展特点以及大学生对忠诚观培育的自身需求也为忠诚观培育提供了可行性。

第一节 大学生忠诚观培育的必要性

大学生忠诚观培育的必要性是指为提升大学生忠诚水平而必须存在的条件和因素。下面将围绕大学生忠诚观培育的内容，即政治忠诚、职业忠诚、亲情忠诚、人际忠诚四个方面来探究大学生忠诚观培育的必要性。

一、有助于提升大学生对国家的政治忠诚度

在忠诚观培育过程中，对国家忠诚是最为根本的，热爱自己的国家就是最大的忠诚，而爱国主义教育则是对国家忠诚最为直接的教育方式。在社会主义核心价值观中，爱国是公民的基本道德规范之一，也是公民必须遵守的道德准则。爱国主义是人们对自己祖国极其忠诚和热爱的深厚情感，是一种先天存在的情感，这种情感源自人们对自己国家和民族的依赖和认同，它传递出人们对国家的依恋，表现出人们对国家的依存关系，是人们对自己故土家园以及民族和文化的归属感、认同感、尊严感与荣誉感的统一。教育大学生做一名忠诚的爱国者，应该重点从以下几个方面进行：

一是自觉维护国家利益。自觉维护国家利益，就是要勇于承担作为国家公民应尽的义务，自觉维护国家的安全稳定，拥护国家现行政策，心系祖国未来，把国家和人民的利益摆在首位，为祖国的富强、人民的幸福做出贡献。二是促进民族团结和祖国统一。在中华民族漫长的历史发展过程中，共同缔造统一的多民族国家，使中华民族大家庭团结和睦，始终是人

心所向；解决台湾问题，实现祖国完全统一，是全体中华儿女共同愿望，是中华民族根本利益所在。三是加强国防教育。进一步夯实大学生国防观念，是大学生报效祖国、弘扬爱国主义精神的重要体现，也是大学生履行国防义务、关心支持国防和军队建设的必然要求，更是大学生提高综合素质、促进自身全面发展的迫切需要。四是以振兴中华为己任。要让大学生树立报效祖国的崇高志向，坚持报效祖国的积极行动。要以振兴中华为己任，无论身居何方，都要做到心系祖国，关心祖国的发展和民生的苦乐，自觉把个人的前途与国家的利益相联系，把爱国的思想付诸实际行动。

二、有利于提升大学生对工作的职业忠诚度

职业忠诚度是指个体对自己职业的忠诚和热爱程度。具体是指个体在事业的追求中，有着强烈的责任心和使命感，对自己的职业具有献身精神，将职业作为实现自己人生价值的重要途径。高校毕业生在就业选择过程中，有时会出现毁约、就业缺乏诚信的现象，这给学校和用人单位都带来很多困扰，甚至出现了"当代大学生缺少职业忠诚等综合性教育"的言论。职业忠诚是大学生忠诚观的重要组成部分，培育大学生的职业忠诚观可以从以下几个方面入手：

一是让大学生对自我有正确的认知。选择一种职业并且一直坚持下去，说明这种职业与自身素养是相匹配的，避免了因职业中断而造成的时间、精力浪费。职业忠诚与其说是时间上的持久，不如说是一种执着的人生态度，它体现的是"在其位，谋其职"。职业忠诚显示的是对自己所在职位负责任的态度，表现出的是只要在这个职位上就能做到毫无保留地贡献出自己的智慧和力量，即便因为某种原因离开了岗位，也能以同样的心态去对待新的职位。离开岗位并不是不忠诚，而是选择了更能发挥自己才能的空间去展现自己的潜力，这也是忠诚的一种表现方式。因此，职业忠诚是自我综合素质不断提升的过程。二是让大学生继承和发扬优秀传统美德。在《论语·子路篇》中，孔子认为"居处恭，执事敬，与人忠"就是

"仁"，即要求人们平时态度端正，工作严肃认真，待人忠心诚意。由此可见，做事情认真负责就是"忠"的表现，也是个体"仁"的体现。自古以来，敬业作为基本的社会道德，受到人们的广泛遵从。在政治领域，敬业，不怠于职，不仅是对臣民的道德要求，也是君主当政、治理国家的基本准则。在经济领域，要遵循公平交易、童叟无欺的道德交易理念，尊重职业对象。在文化生活领域，要注重师德、医德等的宣传，这些都充分体现了中国古代敬业的优良传统。因此，培育大学生形成良好的职业忠诚观任重而道远。

培育大学生的职业忠诚观，要让他们对职业形成正确的观念，关键是要让他们形成内在的职业忠诚意识。也就是说要让他们真正地、发自内心地热爱自己的职业，将自己的职业当作实现个人价值的重要途径，当成是民族大业、国家大业的重要组成部分，并引以为豪，甚至将之作为自己生命的一部分。另外，职业忠诚还体现在内心建立的职业公平感上，要相信任何职业坚持下去都会有所收获，都能体会到其中的乐趣。忠于职守是职业忠诚的核心内容，大学生要忠实地履行职责，杜绝任何不负责任的态度和行为。

三、有益于提升大学生对家庭的亲情忠诚度

家庭是指在婚姻关系、血缘关系或收养关系基础上产生的，由亲属之间所构成的社会生活单位。美国哲学家罗伊斯认为，家庭关系第一次给予了忠诚产生的自然条件，忠于家人和对家庭的奉献为忠诚的出现创造了最佳的机会，亲情忠诚是所有忠诚中最值得珍惜的。总的来说，对家庭忠诚即在家庭中尊老爱幼，真心对待家庭的每一位成员，不做有负家庭成员的任何事，尽心尽力为家庭的团结和睦做出贡献。下面笔者将从血缘关系和婚姻关系两个层面来分析亲情忠诚。一是以血缘关系为纽带形成的亲情忠诚。这是由子女与父母组成的忠诚关系，尊老爱幼是对这种忠诚关系的最佳解释，子女对父母的"孝"是最大的忠诚，也是维持家庭和睦的重要纽

带。二是以婚姻关系为纽带建立的亲情忠诚。夫妻关系是家庭关系的核心，忠于爱情、互敬互爱，是夫妻和睦、婚姻美满的基础，而婚姻家庭的和谐稳定是社会和谐稳定的基础。这两个层面的忠诚是相辅相成、相得益彰的。实际上，忠诚于家庭，才更有可能加深对朋友、对社会、对国家的忠诚。

培育大学生的亲情忠诚观，最重要的是强化他们的家庭观念，让他们能正确地尊重自己和别人的情感，杜绝片面或功利化对待爱情的态度。大学生处于恋爱情感的发展期和敏感期，对待爱情是否忠诚将会直接影响到他们未来婚姻的幸福程度。因此，对他们进行亲情忠诚观培育也是强化大学生责任意识、完善大学生人格健康发展的重要途径。

四、有助于提升大学生的人际忠诚度

人际忠诚度是指人与人相处时所产生的忠诚的程度。大学生忠诚认知现状调查显示，与他人交往中的忠诚是他们最为关注的。因此，如果大学生在与他人交往时将自身潜存的"忠"与"诚"表现出来，正常情况下不仅能获得良好的人际关系，还能大幅度提升个体生存的幸福指数。培育大学生的人际忠诚观可以从以下几个方面入手：

一是秉承"人性本善"的根基。对大学生进行人际忠诚观培育，不能仅仅停留于介绍一些人际交往技巧，而应该从人的思想深处去挖掘。人性本善描述的是社会内部人与人的关系，是人们站在自己的角度维护同类或同类整体的利益。人类社会的形成本身就说明人性本善，因为善能让人们友好相处，不断地凝聚社会各类力量，推动社会向前发展。孟子认为，人性善源自人的"恻隐之心、羞恶之心、恭敬之心和是非之心"。这"四心"是人本身固有的，是人性中最为真实本质的部分；而良知则是人性本善的内在依据，它通过"仁义礼智"表现出来，具有不断向善趋善的能力。现代科学研究也用实验证明了人性本善，研究者发现婴儿在一岁左右便有着急切"助人为乐"的心理。如果大学生能从内心深处建立起人性本善的观念，必然会在与他人交往时表现出尊重、容忍、谦和、忠实、诚恳等优秀品质。为人忠实，待人诚恳，同时还能用自己的这份优秀品质感染他人，让人与人之间相处更为和谐有序，这应该成为我们追求的目标。

二是对他人不能背信弃义。背信弃义即违背诺言，不讲道义，多指朋友之间的出卖。从人际交往的和谐维度来看，如果有人选择了背信弃义，必然会损害自己的声誉，同时也会导致他人的利益受损，从而诱发他人对自己的背叛。这种相互之间的排斥、抵触、叛离也将会使社会整体利益受到损害，严重影响人际交往的和谐。从人际交往的发展维度来看，人与人之间互动交流实际上是双方希望通过他人对自己的评价来提高对自我的认知，从而全面提高自己的综合素质，摆正自己的社会位置，扮演好社会角色。但是，背信弃义的行为却成为自我认知的绊脚石，一旦人们背信弃义，朋友必然会疏远他们，感情更为淡漠，即使自己通过背信弃义获得了利益也不会被认可甚至会受到指责。因此，背信弃义严重阻碍了人际交往的顺畅性，也让个体发展暂时停滞了。从人际交往的价值维度来看，良好的人际交往能够让人们掌握更多的社会信息，保证事情的顺利发展，是个体价值实现的重要途径。如果选择了背信弃义，个体的价值观就会被扭曲，个体的行为与社会的道德规范相背离，为社会做贡献、实现个体的社会价值更无从谈起了。

三是要做到有理性的忠诚。忠诚要么是忠于某件事，要么是忠于某个人。忠于某件事并且能够长久保持一致的、稳定的情感行为，体现出的是忠诚者的处事风格以及自身的优良品格；忠于他人，更多是因为忠诚对象的个人魅力，但是一旦崇拜他人超过了一定限度，就会让忠诚者的形象扭曲，变成了一个谄媚者或是为了达到某种目的而放弃自己尊严的人。因此，对他人的忠诚一定要做到有理性，在忠于他人的同时也要保持个体的自主性和独立性，忠诚的行为也要有利于国家繁荣、社会进步和个体发展。

第二节　大学生忠诚观培育的可行性

大学生忠诚观培育的可行性是指忠诚观培育的条件，即忠诚观培育是可以实现的。下面将从大学生忠诚观培育的理论支撑与现实基础两个方面进行论述。

一、大学生忠诚观培育的理论支撑

在现有的教育理论中，有很多理论虽然并不是直接指向忠诚观培育，却是忠诚观培育的重要理论支撑。

（一）学界有关忠诚观培育的理论支撑

1.马克思主义社会发展主体论

马克思主义社会发展主体论是马克思主义社会发展论的重要组成部分，它以社会实践论为基础，重视人的活动，强调人的能动性，特别是人类的实践活动对社会发展的作用。马克思主义社会发展主体论主张人与自然的对立统一、人与社会的和谐发展，以人作为历史发展的主体，将人的全面发展作为最高的奋斗目标和价值取向。马克思认为，人是社会历史的主体和创造者，人的活动，尤其是物质生产活动是社会发展的历史和逻辑起点，是社会前进的不竭动力[①]。马克思主义社会发展主体论的核心要素是"人"，这种"人"处于一定的社会关系中，不断地进行各种实践活动

---

① 侯衍社.马克思的社会发展理论及其当代价值[M].北京:中国社会科学出版社,2004:16.

（主要包括物质生产活动、变革社会关系的活动、精神创造活动和社会交往活动四种形式）。马克思认为，人在历史发展中的作用是不断递增的。人作为社会前进的推动者，也会因为社会进步而不断地完善自身，在完善中扬弃自己的异化状态，回归人的本性。但在这个过程中，人的活动也会受到自然条件、自然规律、社会状况、自身条件的制约，而这些制约因素往往会深深地影响着个体思想、行为，甚至会滋生出一些与主流价值观相悖的言行。因此，在社会发展中需要不断注入新的思想去改变这一现象，以便继续推动社会进步和人的完善。

目前，中国正大踏步地走在社会主义制度建设的道路上，培育公民对社会深厚而持久的忠诚是应然取向。忠诚观培育的根本目的是让社会发展更为健康有序，提升个体道德水平，这与社会进步的评价尺度不谋而合。当代大学生应该要明白自己作为一个公民在社会发展中所应承担的责任，要做到发自内心地自觉自愿地承担责任，而非外在强加力量的影响。这种自觉自愿的忠诚既不受任何权威的逼迫，也不是自己有所得后再去尽义务，而是一种自然的、合乎理性的忠诚。马克思主义社会发展主体论让我们在忠诚观的培育过程中关注到主体性道德人格的培养。我们应该让大学生在受教育过程中感受到自己作为人的能动性的存在，能够在自身忠诚观的基础上拥有理性的自觉、意志的自愿。同时我们在培育过程中要正视、尊重、珍视大学生个体需要，优化大学生的道德选择，提升大学生的道德判断能力，帮助他们形成普遍化的道德认知。

（1）提升大学生的道德需要层次，培育大学生道德责任感。任何行为都是为了满足自身的需要，忠诚行为也不例外。在忠诚观培育过程中，教育者要清楚大学生现有的忠诚认知程度以及对忠诚的需要程度。个体对忠诚最基本的需要就是保持人与人之间的信任，而低水平需要则是与社会道德规范相一致。但是大学生的忠诚需要应该更为高级，最基本的忠诚观培育已经无法满足他们对生存环境的要求。在教育中，我们应该让大学生认清忠诚的本质，教育他们多思考选择忠诚的原因；让他们知道忠诚是完善个体道德品质不可缺少的一部分，只有不断地践行忠诚观才能被社会和群体所认可和接纳；让他们的需要层次更接近"自我实现的需要"，消解相关认知上的矛盾，从而摆脱狭隘自私，拥有对他人、对社会负责任的生活方式。

道德责任感是人们在追求目标的过程中表现出来的强烈愿望和负责的态度，既包括人们对社会、集体或他人所自觉承担的社会责任，也包括人们对自己不良行为所应负有的责任。道德责任感具有两个特点：一是自觉自愿的履行和承担，也就是说人们依靠自觉性，能够发自内心地履行和承担相应的责任；二是自觉自愿的选择，即道德责任感是人们自主的而非外在强加的选择。"作为确定的人，现实的人，你就有规定，就有使命，就有任务，至于你是否意识到这一点，那都是无所谓的。这个任务是由于你的需要及其与现存世界的联系而产生的。"[1]道德责任感是大学生忠诚观建立的重要基础，忠诚强调尽心尽力、自觉自愿，因为忠诚本身所具有的两难选择困境让人们在利益面前必须要有所取舍。一个有着强烈道德责任感的大学生必然会认真地履行自己的义务，理性地进行利弊选择，深刻地认识到自己的发展与社会及他人的紧密联系，能够将国家利益、集体利益置于个人利益之上。这样，即使行为因为忠于一方而让另一方受到损失，也是符合大局和社会道德规范的。因此，在忠诚观培育中要让大学生拥有正确的幸福观、荣辱观和功利观，指导他们在做好本职工作的同时让行为符合道德规范，即按照合理的道德规范和要求去选择行为，这也是推动社会进步的强大动力之一。

道德责任感形成后，还需要在此基础上形成道德意志，主要包括抵制诱惑、克服困难以及坚持到底的顽强意志力。当然，在社会发展的不同时期人们对意志力的考验也不尽相同。在忠诚观培育中要引导大学生不做不忠诚于民族的事情，坚决抵制"权位之重"和"声色之诱"，任何时候都要不变节、不叛国。而这些都需要道德责任感的强大支撑，人只有具备良心、责任感和意志力，才能使人生的道德境界得到提升，才能不断推动社会前进的步伐。

---

① 中共中央马克思恩格斯列宁斯大林著作编译局.马克思恩格斯选集：第三卷[M].2版.北京：人民出版社,1995:324.

（2）引导大学生形成符合社会发展趋势的忠诚观。个体的忠诚行为既不是为了外在的功利目的，也不是因为对某种东西的畏惧，而是自觉自愿地成就自我道德人格所必需的行为。现代社会是一个平等多元的社会，不同的利益集团、社会阶层和文化群体以不同的方式实践着自己的理想和生活方式。但无论怎样，高校的忠诚观培育必须要立足于从多元的忠诚形式中寻求忠诚共识，在共识中寻求秩序、沟通和理解。普遍化的忠诚超越服从于某一利益集团或阶层的利益，是社会群体所必须履行的义务，这种忠诚是人们对普遍永恒的至善的道德境界之追求，体现出公平正义。以普遍化的忠诚作为自己思想、行为的原则，自觉自愿地去践行个体的忠诚行为时，忠诚才是有效的。在大学生忠诚观培育中，要注重引导学生审视自我，教会学生在困境中认真反思，提升学生的自我意识和创造能力，不断丰富和健全学生的人格，彰显学生的主体性人格特征，让学生成为"有个性的人"。

在此过程中，我们要引导大学生遵守规范性和赏罚性两种社会机制。规范性社会机制注重义务与权利的融合，要求人们在享受权利的同时还要竭尽所能地去尽职尽责。作为一名大学生，要遵守社会道德规范，遵纪守法，正常履行公民应尽的义务，这样他的公民权利才能得到保护。尤其在忠诚观培育中，大学生必须有高尚的爱国情操、执着的敬业精神、诚恳的处世态度，这些都是作为一个公民应该具有的素质。当大学生面对与之相悖的境遇或者问题时，就要进行慎重选择，一旦选择了与社会道德规范相背离的行为，自己的权利就可能会无法得到保障甚至受到损害。因此，个体只有认真地履行好公民义务，积极投身到社会生产中，才能为社会、为国家做贡献，才能真正地推动社会生产力的稳步发展。

"社会赏罚就是社会组织根据一定社会价值标准和组织程序对其社会成员履行社会义务的不同表现，以物化、量化的形式所施行的社会'报偿'，包括对行为优良者给以物质、精神上的奖励和对不良行为者予以物质、精神上的制裁。……社会赏罚，说到底是社会对个人行为的社会意义的一种硬性评价。"①社会赏罚更多的是一种社会约束、一种价值导向，具有维护社会道德规范的作用。它通过奖励价值大的、正性的行为以及惩罚负价值行为来实现自身的运行机制，这种导向与社会需要相适应，有利于社会发展。当代中国社会正处于转型时期，利益分配的方式很容易影响到人们的选择，同样也会出现一些违背社会道德规范的思想行为。因此，在教育大学生要遵守法律道德的同时，也要加大赏罚性社会机制运行的力度，要让道德规范与利益追求相互配套，形成良性互动。

（3）培养大学生理性自主的道德判断和道德选择能力。道德判断是指个体运用已有的道德概念和道德知识对道德现象进行分析、鉴别和评价的心理过程。在大学生忠诚观培育中，要给予学生自我判断的机会，教会学生如何从传统忠诚文化中过滤出适合现代社会与个体发展的忠诚观念。而道德选择，则是在价值冲突时基于道德判断所做的选择。大学生在进行忠诚选择时必须以遵循社会公德、社会良知为前提，然后再去考虑是否符合个体的善以及个体利益，大学生必须具有自我选择的意识和能力。没有主体意志的行为是无法参与真正的道德评价的。大学生应该对忠诚有独立的判断能力，要认真努力地履行充满正能量的忠诚；教师也要引导大学生确立对善的向往，发展大学生自主判断、自主选择的能力。

2.社会主义核心价值观

党的十八大报告中明确提出了"富强、民主、文明、和谐、自由、平等、公正、法治、爱国、敬业、诚信、友善"二十四字的社会主义核心价值观，其主要内容为"以人为本""共同富裕""民主法治""公平正义""团结和谐""开放包容"，它详细地从国家制度层面、社会集体层面、公民个人层面为社会主义核心价值体系建设指明了方向。习近平总书记在全国高校党建工作会议上指出，办好中国特色社会主义大学，要坚持立德树人，把培育和践行社会主义核心价值观融入教书育人全过程。

忠诚观本身就是一种价值观，上至忠诚于国家，下至忠诚于个人，几乎贯穿在整个社会主义核心价值观的内容之中。可以说，忠诚观是社会主

---

① 何建华.道德选择论[M].杭州:浙江人民出版社,2000:192.

义核心价值观的重要组成部分，其本身符合社会主义核心价值观的要义。笔者认为，社会主义核心价值观从价值判断、价值规范、价值标准三个方面为忠诚观的培育提供了新的思路。

（1）为大学生忠诚观培育提供价值判断基础。价值是客观的，判断则是对客观价值的主观反映。价值判断是指判断客体对主体究竟是否有价值，有什么价值，有多大价值。那么社会主义核心价值观对忠诚观培育是否有价值，有什么价值，有多大价值呢？

第一，是否有价值——基于社会主义核心价值观的内涵思考。社会主义核心价值观在社会主义价值观中居于统领地位，起支配作用，是社会主义制度长期普遍遵循的、相对稳定的根本价值准则，是社会主义价值观、价值体系和核心价值体系的灵魂，也是支撑我们社会主义伟大实践的行为导向和准则，从深层次影响着全体国民在建设中国特色社会主义伟大实践中的思想方法与行为方式。社会主义核心价值观较好地做到了与社会主义制度相统一，与中国传统文化相结合，与当下的市场经济发展规律相匹配，与社会主义法律制度相吻合，对各种价值选择、价值判断有着很好的指引作用。从国家制度层面倡导的"富强、民主、文明、和谐"来看，这八个字既表达出中国未来建设发展的最高目标，也是党和人民的共同理想、全体国民的普遍愿望和价值诉求。从社会集体层面倡导的"自由、平等、公正、法治"来看，自由代表着社会主义最高的价值追求，因为自由的存在，人们的创造力才会被不断激发，国家才能更好更快地发展；平等是实现自由的重要保障，能够保证社会成果被全社会广大成员所共享，在经济上实行生产资料公有制，在政治上实现人民当家做主；公正强调的是社会主义的公平正义，充分健全权利公平、机会均等、规则公正的社会保障体系，才能有效保证公平公正的实现；法治则是对行为的约束，让行为更符合人类的道德规范，做到"随心所欲不逾矩"。从公民个人层面倡导的"爱国、敬业、诚信、友善"来看，这八个字主要强调对社会公德、职业美德、传统道德的继承与发扬，将爱国主义精神、集体主义精神、诚信与友善的品质作为每个公民应该遵守并信奉的道德准则。

通过以上分析，我们发现社会主义核心价值观对大学生忠诚观培育有着巨大的指导作用。它让教育者在培育过程中拥有正确的、强有力的指导思想，特别是公民个人层面的八字内容，表达出对国家忠诚、对事业忠诚、对他人忠诚的思想，与大学生忠诚观培育的核心内容紧密相连。因此，在大学生忠诚观培育中，要广为宣传这种大局思想，要把这种目标、理想有效地融入大学生个人的奋斗目标中，使之成为他们行动的指导思想。同时也要让大学生明白，忠诚作为一种道德准则是维系社会和谐发展的重要法宝，是建设理想社会的必备元素。忠诚观培育不能脱离社会主义核心价值观，必须与之保持高度的一致。这是社会主义核心价值观对大学生忠诚观培育的价值体现。

第二，有什么价值——基于社会主义核心价值观的有效性思考。这个问题更多的是纵向角度的探讨，即社会主义核心价值观对大学生忠诚观培育有着怎样的影响？从党中央提出把"社会主义核心价值观融入国民教育和精神文明建设全过程、贯穿现代化建设各方面"，到"切实把社会主义核心价值体系融入国民教育和精神文明建设全过程"，再到"要积极培育和践行社会主义核心价值观"，足以显示社会主义核心价值观正在不断深入并影响着社会各个层面。

社会主义核心价值观为大学生忠诚观培育指明了方向。社会主义核心价值观是对马克思主义科学理论精髓的继承和发扬，是当代中国最为主流的意识形态，也是各种价值观形成的根本依据。在大学生忠诚观培育过程中，我们要注重培育出与大学生相适应相符合的价值判断力和道德责任感，引导大学生思考忠诚的时代意义，让大学生能够在价值多元化背景下形成自己的忠诚观念，让自己的言行更为符合道德规范。另外，在大学生忠诚观培育的属性建构上，要主动适应社会主义核心价值观。在大学生忠诚观培育中，全面贯彻社会主义核心价值观的思想，注重"自由、平等、公正、法治"；注意维护大学生的利益，充分尊重主体认知及主体意愿。在大学生忠诚观培育中，不断总结凝练出大学生的忠诚认知以及大学生群体忠诚观的特点，经过分析后，再将新的、更为符合大学生需求的忠诚观传递给他们，让他们既能感受到社会主义核心价值观的意义所在，也能体会到忠诚观形成的必要性，还能接受当下具有时代特色的忠诚观，从而不断丰富对忠诚内涵的认知，加快忠诚道德思维的发展，做到常修忠德、常怀忠念、常行忠举。由于大学生个体的差异性、思维水平的局限性、价值取向的多样性，他们对忠诚认知各具特色，形成的忠诚观也是各不相同。其中，有的是符合时代发展的，有的则有悖于主流思想。如何保证主流的、符合时代特色的忠诚观能够被大学生所接受和认可，关键需要社会主义核心价值观的引领。社会主义核心价值观自身的包容性能够给予多元忠诚观充分的论证空间，同时还能够让这些思想百川归海，最终让大学生形成辩证统一的思想认识，在各种思想碰撞中形成自身的价值体系，并逐渐使其成为自己价值观的组成部分。

第三，有多大价值——基于社会主义核心价值观的影响力思考。这个问题偏重于横向角度的探讨，也就是说社会主义核心价值观对大学生忠诚观的培育能够产生的影响有多大？笔者认为主要包括以下几个方面：

一是让大学生"共建理想信念，传承优秀文化"。大学生是年轻的知识分子，是国家未来发展的中坚力量，他们的价值取向能够较好代表社会知识分子群体的价值选择。社会主义核心价值观是当下社会的主流意识形态，它从国家、社会、个人三个层面对人们思想、言行的应然状态给出了明确的界限。要把这些内容融入大学生自己的价值体系中，不能仅仅依靠教育者灌输和强化，而应该结合大学生价值观的形成特点和规律进行教育，让他们做到内化于心、外化于行，使社会主义核心价值观成为他们价值体系的组成部分，从而形成价值认同。有了价值认同，我们便能够更好地凝聚意识领域的力量，更好地在大学生群体中建立共同的理想信念。理想信念具有先进性，决定着个体的价值选择水平，决定着个体是否具有先进性。大学生思想观念处于成长发展期，需要对自身有更为清晰的认知，因此，正确的、高尚的理想信念对他们的成长具有引导作用，他们需要在理想信念的指引下规划人生，抵御各种外界诱惑，追求更高的人生境界，以便实现更好的自我。理想信念给予大学生实现个体价值强大的心理动力，而文化传承则给予大学生实现理想信念的内涵支撑。社会主义核心价值观所传递出的"共建理想信念，传承优秀文化"的信号，既来源于大学生的价值诉求，也赋予大学生更多的历史使命和时代重任。长期以来，大学生对国家的热爱之情、对传统文化的敬重之情在岁月长河中静静流淌。纵观久远的五四运动、新文化运动到如今国家每遇大事时大学生群体"万众一心"的言行，我们应该坚信大学生群体思想里拥有积极向上的特质，他们可以作为中华优秀传统文化的传承者。而忠诚文化则让他们从思想上更为坚定地信仰共产主义，从情感上更加热爱自己的国家，从行为上更好地履行自己的义务。他们以仁义作为自己言行的导向，以忠信作为自己言行的准则，并将之融入自身的学习、生活中。

在忠诚观培育的过程中，我们可以将大学生的个人理想与社会理想有机结合，教育他们以实现中华民族的伟大复兴为自己的理想，坚持信奉马克思主义科学信念；教育他们忠诚于自己的国家与人民，忠诚于自己的事业与家人，矢志不移地奉献自己的才智与青春，为把我国建成富强民主文明和谐美丽的社会主义现代化强国而奋斗终生；教育他们在实现个人理想的同时推动社会主义事业的不断前进。

二是让大学生"心系党和国家，无私奉献社会"。在社会主义核心价值观中，"爱国"在公民个人层面要求中处于首位，这足以显示其在社会主义核心价值观中的重要地位。党是每个人的信仰归属，国家是每个人依存的基石，爱国则是每个公民应尽的义务。在大学生忠诚观培育过程中，爱国主义教育看似最为平淡，实际上却最难进行。究其原因，一方面，爱国主义教育几乎贯穿人的一生，这样就导致爱国主义教育容易被学生忽视，几乎很难寻找到更好的教育突破口；另一方面，现在社会处于欣欣向荣的发展时期，抛头颅、洒热血等革命时期特有的爱国热情几乎不存在了，人们的爱国情结很难真正"走心"。也就是说谁都不否认自己爱国，但怎样才算是真正的心系党和国家不是每个人都能说得清楚的。改革开放以来，中国共产党始终代表着中国最广大人民的根本利益，带领全国各族人民共同奋斗，并取得了辉煌的成就。可以说，只有坚持中国共产党的领导，坚持社会主义制度，才能保证国家的稳步前进。在忠诚观培育中，大学生应该知晓爱国和爱党具有一致性，心系党和国家，不仅要从情感上予以肯定和支持，还要从理性上关心国家、了解国家的发展现状；要将忠于国家、忠于党、忠于人民、忠于社会主义融入个体的发展中，把爱国热情倾注到国家建设中，做到热爱自己的专业，爱护自己的集体，将来能够热爱自己的岗位，忠于自己的职业。

当下，大学生可以用新的方式投入社会主义国家建设中去，表达自己的爱国热情，真正做到心系党和国家。大学生思维活跃、创新能力强，具有敢闯敢干的心理优势。因此，在培育中，要引导大学生将个人的理想与中国梦相结合，通过开展各种实践活动，让他们以独特的青春活力加入国家前进的队列中去，为国家的繁荣富强做贡献。

"心系党和国家，无私奉献社会"要求大学生以理智的爱国情怀、开放包容的心态、高品格的道德情操、活力无限的青春气息积极投身到祖国的建设中，要时刻关注自己的言行举止和思想动态是否有利于社会、有利于集体、有利于国家，要将社会主义事业发展真正放在心中，落实在行动上。

三是让大学生"信奉诚实守信，塑造优秀品质"。诚实守信既是中华民族的优秀传统文化，也是社会主义核心价值观的重要组成部分，更是大学生忠诚观培育的重要内容。诚信作为我国公民道德建设的重点内容，已然成为人的基本道德要素。可以说，诚信教育始于个体的幼年时期，随着年龄的增长，个体对它的理解程度逐渐加深，经历了从"不能撒谎"到"对他人诚信，不弄虚作假"的循序渐进式发展过程。因此，我们的教育要顺应学生的思维发展，要坚持给予学生思想道德上的警醒。大学四年是大学生价值观形成并成型的重要时期，很多不成熟的想法、观念、态度通过这四年知识的累积、思想的深化而逐渐得以完善，而这四年所形成的价值观可能会影响到他们整个人生的发展。在忠诚观培育中，我们不仅要培育大学生"忠"的思想，还要进一步加强他们对"诚"的认识，要让他们将诚信作为自身重要的道德原则和为人处世的基本准则。大学生一旦对诚信有了正确的认知和判断，并将之融入自身的价值体系中，就会在行为处事中不违心、不违德、重仁义，这同样符合忠诚的本质。

大学生群体既注重自我感觉，也敬重社会公德，他们并不否认诚信是优秀的道德品质，践履诚信是他们内心价值的需求。因此，在大学生忠诚观培育中，要将诚信教育作为重要内容，并融入课堂教学的各个方面。通过开展多种形式的实践活动，让大学生深入学习诚信品质，深刻体会诚信在人的成长和事业发展中的重要性和紧迫性，将诚信意识转化为诚信行为。要引导大学生逐渐走出在独立生活和学习中所面临的彷徨，学会善于思考、明于判断、忠于规范，将"诚"作为自己的道德底线。用各种实践活动培养大学生艰苦奋斗的精神、善于学习的态度、坚定的信念、坚强的毅力等宝贵品质，使其成为诚信、乐观、善良、宽容，有道德、有理想、有责任的优秀的人。

（2）为大学生忠诚观培育提供明确的价值规范。规范是指人们为实现自己的理想，根据一定的观念制定的、供一个社会群体诸成员共同遵守的行为规则和标准，它限定人们在一定情境中应当怎样行动（包括思维和感受）[①]。一般来说，哲学社会科学中所讲的规范，就是指价值规范。因此，本书中所说的规范即为价值规范。一个社会有什么样的社会价值就必然会有什么样的价值规范。社会主义核心价值观所提倡的"爱国、敬业、诚信、友善"，正是忠诚品质的重要内涵。如果忠于国家、忠于事业、对他人友善真诚、遵从法律道德是价值的话，那么价值规范就号召人们做一个忠于祖国、忠于事业、遵纪守法、向善的人。价值规范建立的依据是人们对生活秩序的理解及要求，是人们对社会生活的价值取向。笔者认为，人们对社会生活的价值取向通常包括秩序—权威取向、效率—增值取向、克己向善取向以及自由公正取向。据此，在大学生忠诚观培育中我们可以紧密围绕这四个方面进行探讨。

第一，秩序—权威取向：培育大学生的敬畏之心。敬畏是"人类在认识自然、社会及自我的基础上，对所敬畏的对象产生的一种带有崇敬和畏

①袁贵仁.价值观的理论与实践：价值观若干问题的思考[M].北京：北京师范大学出版社，2013：80.

惧的社会道德情感，这种情感浸润着深厚的社会文化内涵"①。"敬"和"畏"两者是相辅相成的，无"敬"则无"畏"，有"敬"则自然"畏"。这种敬畏是对敬畏对象即某种权威的遵从与崇敬，是对社会支配力量的依赖性表现。敬畏感的存在让人们不断地弃恶扬善，追求真善美，可以说，"人要为善，必须有所敬畏；要人为善，必须使其有所敬畏；有所敬畏，就有所善举"②，敬畏让世界更为人性化，也让社会更为文明化。忠诚说到底就是忠诚者对忠诚对象怀有感恩、崇敬之心，因为"敬"而生"畏"，因为"畏"而不去做一些违心、违德之事。

社会主义核心价值观为人们厘清了应该做什么与怎么做。只有心存敬畏，有所为有所不为，个体的能量才能真正得以释放，个体的价值才能真正体现，个体对社会的奉献才会更多，社会才能更加文明和谐，人与人之间的情感才能更为真挚。具体到大学生忠诚观培育中，要激发大学生的爱国热情，强化他们对祖国的认同，激活他们对祖国爱的内力，这种内力自然会产生对国家的敬畏感。要让大学生对自己未来的职业做好规划，将职业变成事业，对待自己的每一份工作都要做到尽职尽责。同时，还要教育大学生做一个遵纪守法的人，以敬畏感为基础，构建自我立法，实现道德自律。外在的约束和内在的自律，让大学生在心中形成正确的道德判断，在实践中行仁义之举、做道德之事。

第二，效率—增值取向：培育大学生的集体主义思想。社会主义核心价值观所传递的团结互助、诚实守信、热爱祖国、服务人民、遵纪守法等理念，实际上是其在当代中国不同领域、不同层面的集体主义观念中的具体要求。效率—增值取向就是要确保社会生活所需资源总量的递增，从而提高社会控制合法性的管理要求。忠诚观培育很重要的一个方面就是在利益追求上做出正确的选择。效率—增值取向就是要求人们做出利益最大化选择。但是当个人利益与集体利益产生冲突时，则可能会出现为了个人利益而背叛集体利益的情况，而这样的选择也与效率—增值价值取向相违背。因此，在忠诚观培育中注入集体主义观念教育就显得尤为重要了。

① 郭淑新.敬畏伦理研究[M].合肥:安徽人民出版社,2007:56.

② 郭淑新.敬畏伦理研究[M].合肥:安徽人民出版社,2007:57.

马克思指出，集体是个人获得全面发展的重要基石，在集体中个人的自由度能够得到最大限度的展现。集体由很多部分组成，上至国家，下至小群体，是个体之间团结一致的力量组合。集体主义要求人们在处理个人与集体、个人与社会的关系时，一切行动和目标要符合最广大人民群众的利益以及集体的利益。在集体主义原则中，国家利益高于一切，个人利益必须服从国家、集体利益。当然，在我们大力倡导集体主义的时候，并不是说个人主义不重要，恰恰相反，集体主义是个人主义成长的沃土，是个人发展的有利空间。集体主义要兼顾个人主义，但是不能任由个人主义发展成极端利己主义，否则就会出现"见利忘义"、国家社会一盘散沙、无政府无组织无集体的状态。

在大学生忠诚观培育过程中，对大学生进行集体主义教育是一项重要的工作。集体主义教育包括爱国主义教育、利益观教育、责任感教育、奉献精神教育等。在当今社会多元价值观的时代背景下，尤其要让大学生树立正确的利益观。教育大学生优先考虑集体利益的最大化，在坚持集体利益高于个人利益的前提下，保护个人正当的利益追求，尽量减少个人利益与集体利益的矛盾冲突。我们既要倡导集体主义教育，引导大学生发扬集体主义精神，也要根据大学生心理成长特点，为不同个性、不同需求的大学生提供个体成长的空间，引导他们做出正确的利益权衡。我们要将国家利益、集体利益、个人利益有效整合，才能实现三方利益最大化需求，推动三方利益合理化发展。同时，大学生在建构集体主义思想时还要学会将社会价值和个人价值相结合，实现社会价值与个人价值的共生共长。要让大学生明白个体只有先满足自身的生存发展才能为社会创造更多的价值财富，才能为社会的发展做出更多的贡献，才能推动社会不断前进，才能实现自我价值。而这些，也是实现忠诚行为的重要保障。

第三，克己向善取向：培养大学生的向善之心。学者傅佩荣认为，"善"是指人与人之间适当关系之实现，人性是不断趋善、向善的。克己向善取向是指个体建立的自我规约与承诺，是人性美好品质的本真表达。"友善"作为社会主义核心价值观中公民个人层面的价值诉求，一直以来都在个体道德品质中占据着重要的地位。忠诚与善从来都是并存的，忠诚本身就包含着潜在的善，正因为善的存在，人们才会做到不离不弃、忠心耿耿，即使是盲目的"愚忠"，我们也不能否认其善心的存在。

在忠诚观培育中，要让大学生学会择善。若要择善，首先必须分辨善恶。善可以分为先天的善（即人固有的良知）和后天习得的善。良知本身是一种善的意识，必须通过后天学习并且付诸行动才能实现。其次是如何择善。可以从"内心感受""对方期待""社会规范"三个方面来考虑。关于"内心感受"。孔子在《论语·八佾》中说："人而不仁，如礼何？人而不仁，如乐何？"也就是说如果一个人缺乏内心的真诚感受，礼乐对他有什么意义呢？只有真诚的人，才可能实现道德价值，才可能将善发扬光大。真诚的人即使出现错误，也会改过迁善，形成真正的优良品德。关于"对方期待"。要学会辨识对方期待是否具有可行性、合理性、道德性，不能因为向善而与社会道德规范发生矛盾冲突。譬如，成员要忠于自己的组织，但是当组织要求其做超越自己能力范围以外的事情或是违法的事情，成员能否做呢？当然不能，因为一旦做了违法的事情就必然要承担法律责任，在组织看来他是一名忠心耿耿的成员，但是对社会而言，他就是一名犯罪分子。关于"社会规范"。社会规范需要遵守，但只顾社会规范，不顾对方期待也是不合适的。社会规范是对人们的道德约束，缺乏一定的情感基础，而善终究是人与人之间的适当关系，需要人与人之间的情感支撑，因此，我们需要在社会规范的引导下最大可能地满足对方期待。当然这其中最为重要的是行动必须与内心感受相呼应，忠于自己的内心，忠于自己的良知。

第四，自由公正取向：培育大学生忠于自我。所谓忠于自我就是指在忠于自己内心所思所想的前提下进行活动。忠于自我在自由与公正价值取向的指引下，会升华为一种更为理性的思维方式，它能够让个体在一种自在的状态下最大限度地忠于自己，尽可能地表达出自己的愿望、诉求，选择恰当的行为方式，从而让个体的身心达到一种和谐的状态。下面对自由与公正进行简要的分析。

关于自由。根据马克思主义经典作家的看法，自由是主体在实践过程中从思想上和行为上表现出来的自觉、自主、自为的状态。自觉是指主体在实现目的的过程中体现出来的自我决定、自我创造和自我实现，主体行为目标明确，对整个过程有很强的感知力。自主是相对于强制、被迫而言的，表示活动者在活动过程中发挥着主人的身份作用，行使着主人的权利。黑格尔认为，自为是指"展开""显露"。它相对于自在、自发而言，是活动主体的一种能力，是对外部自然和生活条件的支配与控制。因此，自由是在主体认识、改造客体的活动中有目的地选择、支配、控制活动以及活动结果的能力和权力的统一。自由既是主体和客体的统一，也是真善美的统一。追求真，就是认识事物的本真面目，是人对客观事物及其规律的正确反映，是主客观在观念形态上的统一；追求善，就是在尊重本真世界的基础上，让行为符合社会公德与自己的良知；追求美，就是对世界创造性的认识和改造，是主客体在人性与物性方面高度的统一。

关于公正。马克思主义认为，公正是指个人与个人之间、个人与社会之间所得与应得、所付与应付之间的相称关系[①]。具体来说，公正可以概括为如下几个方面：一是贡献与满足的相称。即按劳分配，这是根据人们的劳动与贡献进行的按比例分配，两者成正比例关系。二是权利与义务的相称。社会政治公正要求每一个公民都要拥有社会权利和义务，"作为确定的人，现实的人，你就有规定，就有使命，就有任务，至于你是否意识到这一点，那都是无所谓的。这个任务是由于你的需要及其与现存世界的联系而产生的"[②]。三是自由与责任的相称。自由与责任是紧密相连的。自由意味着主体进行活动时具有相应的权利和能力，同时要对活动的结果承担相应的责任。有自由就有责任，自由越多，责任越大。另外，只有意识到自己的责任，有了一定的社会责任感，能够并愿意对自己的行为承担责任的人，才能获得相应的自由。

---

① 袁贵仁.价值观的理论与实践：价值观若干问题的思考[M].北京：北京师范大学出版社,2013：263.

② 中共中央马克思恩格斯列宁斯大林著作编译局.马克思恩格斯选集：第三卷[M].2版.北京：人民出版社,1995：324.

在大学生忠诚观培育中，我们要让学生做到最大限度地忠于自我。首先，让学生学会追求自由。这种自由包括心理空间上的自由和外界环境的自由，这种自由在一种积极的限制中生存。所谓积极的限制就是不能破坏必然性，不能违背必然性去行事。要让学生按照自己内心的想法，在尊重事物规律的前提下行事。这样既保护了学生纯净的内心世界，也是对外界不良因素的过滤，更是给予学生充分自由的空间。只有这样，才能让思维水平处于发展关键期、价值观尚未定型的大学生群体对忠诚产生正确的认知，明白忠诚不仅是忠于他人，还要忠于自己，更要忠于事物发展的客观规律。其次，让学生坚守公正。在前文中我们曾论述过，利益冲突是导致个体出现不忠诚行为的重要因素。可以说利益是行动的"动力的动力"，利益关系处理是否公正对人的行为动机至关重要，处理得公正可以凝心聚力，强化动机，处理得不公正则会让人失去热情，削弱动机，直至放弃行动。因此，利益关系处理得公正与否直接影响到社会秩序的稳定性。而要公正地处理利益关系，关键就是要做到集体利益与个人利益相结合，两者都兼顾。如果只要集体利益，不要个人利益，则会出现一边倒的"愚忠"；如果只要个人利益，不要集体利益，则会出现处处是背叛的现象。因此，只有两者有机结合，才能实现真正意义上的忠诚。

（3）为大学生忠诚观培育提供价值标准。习近平总书记指出，核心价值观，承载着一个民族、一个国家的精神追求，体现着一个社会评判是非曲直的价值标准。

从价值标准的特点来看。价值标准的特点包括"统一的价值取向"和"统一的价值尺度"。"统一的价值取向"是指社会主义核心价值观作为一种价值标准，代表了当代中国的价值共识，是全体社会成员凝心聚力、统一思想的重要武器，是中国人民在价值取向上的最大公约数。因此，大学生忠诚观培育必须以社会主义核心价值观为指导思想，无论社会中的价值取向是否多元、价值观念是否多样，忠诚观培育的指导思想都不能偏离它。"统一的价值尺度"是指社会主义核心价值观是人们用来评判社会是非曲直的唯一标准。凡是在价值观念上的对与错、是与非、曲与直、正与误、好与坏，只能看其是否符合社会主义核心价值观，也就是说凡是在忠诚观培育中遇到的困惑、疑问都要从社会主义核心价值观中寻求答案，最终都要与社会主义核心价值观保持一致。

从价值标准的含义来看。社会主义核心价值观是一个政治标准，反映了一定社会的政治观念，体现出中国社会的政治和价值要求。社会主义核心价值观是一个道德标准，它既是对优秀传统文化的继承，也是根据当下实际需要形成的新的道德要求。它具有很强的时代性，是中国当前道德的最高境界和中国人民最为权威的道德践行依据。同时，社会主义核心价值观是一个文化标准。它将中华民族悠久的历史文化精髓融入现代文明建设中，发展为具有中国特色的文化体系，体现出中华民族的文化自信。在大学生忠诚观培育过程中，要坚持社会主义核心价值观的政治指导地位不动摇，将忠于国家、忠于人民、忠于集体的思想作为大学生忠诚观培育最为重要的内核，在完善大学生道德品质建设中发挥出更大的作用。要摒弃不合理的文化信念，让忠诚文化更具有时代感，更容易被接受、被执行。

从价值标准的作用来看。社会主义核心价值观在实践中发挥着引领和约束作用。首先，社会主义核心价值观是每个社会成员的内在标准，是个体自我反思提升的重要途径，这种内在标准促使个体形成道德自觉。其次，社会主义核心价值观是全体社会成员的道德践行标准。我们要在社会上广为宣传，形成人人皆知、人人会用的状态，在全体社会成员中形成强大的约束力量，让人们的行为更加符合社会统一的道德标准。

（二）西方有关道德教育的理论支撑

1.道德认知发展理论

劳伦斯·科尔伯格（也译为劳伦斯·柯尔伯格）是美国著名的心理学家和教育家，也是道德认知发展理论的创立者。他经常研究"诚实"和"欺骗"问题以证明其道德认知发展理论，因此，他的研究能够为大学生忠诚观培育提供一定的理论支撑。

科尔伯格的道德认知发展理论强调培养儿童在面临冲突的社会价值问

题时的道德判断能力和道德决策能力。在他看来，个体道德品质的形成过程是道德经验在受教育者自身与社会环境相互作用下不断结构化的过程。因此，道德教育既不能低于也不能高于儿童的现有道德发展水平。低于儿童现有道德发展水平，显然就没有教育意义了；高于儿童现有道德发展水平，往往就成了空洞说教。道德教育并不是直接灌输道德概念和行为规则，而是以发展作为道德教育的目的，能够促进儿童道德判断能力的自然发展，在此基础上学会控制自身的道德行为，并且迈出下一步。

科尔伯格的道德认知发展理论建立在哲学和心理学可行性基础之上，是一种建构主义的道德教育路线。这一理论认为儿童道德发展的动力来自外部社会的积极影响与内部道德认知结构的相互作用，并呈现阶段性特征；道德教育的任务就是为这些"相互作用"提供条件，以便实现下一个阶段的道德认知发展。

科尔伯格将道德认知发展理论分为"三水平六阶段"，其中"三水平"是指前习俗水平、习俗水平、后习俗水平，"六阶段"是指每个水平又可划分为两个不同的阶段。同时，他还虚拟出"海因茨偷药案"，让被测试者进行道德两难问题的讨论。科尔伯格认为，大多数青少年的道德认知处于习俗水平，能够着眼于社会的希望与要求，并从社会成员的角度思考道德问题。他们已经意识到个体行为必须符合社会的准则，只有按规则行动才被认为是正确的。习俗水平包括两个阶段，即"寻求认可定向阶段"和"遵守法规和秩序定向阶段"，呈现的特点是个体的道德价值以人际关系的和谐为导向，顺从传统的要求，符合大家的意见，谋求大家的赞赏和认可。大学生的道德发展处于习俗水平和后习俗水平之间，以遵从社会规范、社会规章制度为准则，他们认可忠诚文化对社会及个人产生的重要影响，并且能够初步实现践行忠诚道德。但高校忠诚观培育的目的在于让忠诚作为一种行为标准内化于己，成为个体的道德标准，遇到冲突矛盾时，个体能够自行做出恰当的、符合社会契约取向的选择。而这正是科尔伯格提出的后习俗水平，也是道德判断的最高境界。

根据科尔伯格的道德认知发展理论，笔者认为大学生忠诚观培育的关键在于改善个体道德判断的结构和道德推理水平，提升个体的道德判断能力。但这种培育途径并不是依靠外在强制的力量，而是以民主、宽松的方式促进个体道德思维能力的发展，如科尔伯格提倡的道德讨论法（道德两难问题讨论法）和公正团体法。

相对于道德讨论法，公正团体法主要是通过师生的民主参与，给予学生民主的道德环境和充分的角色扮演机会，创造一种公正的集体氛围，以促进学生道德思维能力的发展。它在平等、协商、寻求共同价值的道德环境中，赋予学生集体的民主权利意识，有利于培养学生以公正为原则的道德判断能力。公正团体法对学生在现实生活中的行为要求更为严格，这是因为"道德行为通常发生在社会或团体氛围之中，氛围常常会制约个人的道德决策"①。公正团体法强调学生有责任维护自己达成的规则和纪律，有责任从集体利益的角度对现实生活中的问题做出判断并躬身践行，要求学生参与社会生活，关心社会，并养成知行合一、言行一致的良好道德品质。

这两种道德教育方法是科尔伯格道德认知发展理论的核心内容。大学生忠诚观培育可以借鉴这两种方法。根据科尔伯格的研究，笔者认为大学生道德判断的转化取决于学校的道德氛围和团体文化。道德氛围属于隐性课程，通常以第二课堂的活动为依托对大学生产生影响；而团体文化的研讨活动通过赋予学生一种集体的民主权利意识，加强了他们的道德责任感，力求达到权利和义务的统一，对学生的影响更大。

因此，科尔伯格的道德认知发展理论从内在机制的角度为大学生忠诚观培育提供了解决途径，同时还能促进道德认知水平的发展。另外，这一理论以公正作为最高的普遍化的道德原则，强调个体道德认知水平与公正原则认知水平发展的一致性，这与忠诚观所秉持的内在价值相一致。可以说，科尔伯格的道德认知发展理论为大学生忠诚观培育提供了内在的价值基础。但是，科尔伯格认为道德观念无法直接通过学习获取，这实际上是否定了传统的教育方式对大学生忠诚观形成与发展产生作用的可能性，就忠诚观培育来说，科尔伯格的理论是不完整的。

---

① 郭本禹.道德认知发展与道德教育:科尔伯格的理论与实践[M].福州:福建教育出版社,1999: 216.

2.价值观教育体谅模式

价值观教育中的体谅模式是20世纪70年代英国著名道德教育家彼得·麦克菲尔及其同事共同创立的。该模式的代表作为《生命线》系列道德教育丛书,主要探讨了以道德情感教育为主线的学校德育理论,认为共同分享与分担是好的,统治的、支配的是坏的。

麦克菲尔认为,在体谅模式中,道德教育被认为是包括了整个人格教育。"一个有道德的人就是能深思熟虑地考虑别人的意见,察觉别人的感觉而与人和谐相处,能时常从别人的角度去考虑。这不只是一种思维方式,而是道德风格,它不光是理智上的,而是深植于整个人格之中。"[①]在麦克菲尔看来,道德教育不应该降低到仅仅分析规则和禁令上,相反应集中在研究一个人自身或与其他人有关联的一般作风上。他认为,人类的基本需要是与他人友好相处,爱或被爱,帮助人们满足这种需要是道德教育的首要职责。青少年对人际和社会问题的反应处于不成熟向成熟过渡的社会试验期[②],因此,学校的道德教育就是要促进学生社会判断力以及行为能力的发展。他还认为,品德是感染来的而非直接教来的,在引导学生形成关心人、体谅人的人际意识时,重要的是要营造相互关心、相互体谅的课堂气氛,并且教师要在关心人、体谅人上起道德表率作用[③]。

麦克菲尔强调,在体谅他人、关心他人的时候,最重要的是让自己感到快乐、满意、幸福。因此,如果在大学生忠诚观培育中运用体谅模式,必须让大学生做到忠于自己的内心、忠于社会公平正义,做到不违心、不违背社会公德。这样才能保证个体内心真正的快乐,这种充满正能量的发自内心的快乐也会影响到他人,从而消除恐惧、猜疑和不信任,让更为合理的忠诚行为在社会中得到发展。

首先,让大学生学会关心他人。体谅模式主张,人与人之间要相互关心、相互理解、相互信任、相互体谅才能获得真正的快乐与满足。麦克菲尔的研究表明,如果你想知道他人需要什么,首先要弄清楚他们遇到的是

---

① 冯增俊.道德教育的体谅模式述评[J].教育研究与实验,1992(2):10.

② 黄向阳.德育原理[M].上海:华东师范大学出版社,2000:241.

③ 黄向阳.德育原理[M].上海:华东师范大学出版社,2000:242.

什么问题，道德的责任和义务来自真实的客观世界。培育大学生的忠诚观关键要解决如何实现忠诚行为的问题，对他人忠诚也就是在对他人思想、言行认可与理解的基础上，引发个体内心的认同感，从而表现出与忠诚对象言行相一致的倾向性，能够站在他人的角度思考问题，做到关心、理解、信任和体谅他人。

其次，让大学生学会与他人友好相处。通常来说，一个人如果没有良好的人际关系就会表现得自私、粗暴或以自我为中心等，这些消极的处事方式会侵蚀个体的公德心，会让个体的行为逐渐偏离社会道德规范。麦克菲尔认为，价值观教育的主要目的就是互相帮助。就大学生忠诚观培育而言，一个自私或以自我为中心的个体会以"利己主义"作为自己的行动指南，这类个体的忠诚行为具有易变性、利己性，甚至具有破坏性。因此，让大学生学会与他人友好相处是维系忠诚关系最基本的条件。具体来说，与他人友好相处就是要做到考虑他人的意见，觉察他人的需要，与他人和谐交流，融洽交往。

最后，为大学生忠诚观培育设计体谅情境。在大学生忠诚观培育过程中，要为学生创设一些体谅情境。麦克菲尔认为："进行道德教育企图不通过'情境'，不通过现实的和具体的方式都会失败。因为那样做脱离了个体经验，而个体经验是一个中介，通过这个中介道德问题才能被体察和领悟。"①大学生忠诚观的培育如果能够从社会、家庭、学校等方面获取各种各样的体谅情境，引导大学生从不同的角度进行讨论，将有利于他们理解他人的喜怒哀乐，做到关心他人、体谅他人，也有利于他们选择正确的忠诚行为。

价值观教育体谅模式以人本主义理论为基础，以情感为主线，尊重学生的人格，强调在平等的基础上开展道德教育，主张建立一种"我—你"的对话关系，注重在理解他人、体谅他人的同时使自己感到快乐、满意、幸福。这种模式与科尔伯格的道德认知发展理论一脉相承。体谅模式拒绝灌输式的道德教育，鼓励教师灵活机动地安排道德教育内容，通过鲜活的

————————————————

① 袁桂林.当代西方道德教育理论[M].福州:福建教育出版社,1995:276.

情境讨论法让学生对问题形成共识性认知。在大学生忠诚观培育中，关于较为深刻、抽象的忠诚问题，仅仅依靠理论知识的灌输是远远不能达到理想的教育效果的。而情境讨论法可以让学生置身其中，甚至扮演不同的角色切身体会各类角色的心理历程，教师也可以恰到好处地与学生进行对话交流，这些都是值得我们借鉴的。但是，这种体谅模式在大学生忠诚观培育中理论基础较薄弱，教师可能对课程的重点和方向把握不住，同时该模式也缺乏连贯性。虽然该模式提倡人本主义，但在实践中关于道德情感、社会模仿等观点与行为主义更为接近，有相互矛盾的嫌疑。

由此可见，上述诸种理论与忠诚观培育密切相关。这些理论是道德教育理论和思想政治教育理论的重要构成部分，在一定程度上为大学生忠诚观培育提供了理论支撑。

二、大学生忠诚观培育的现实基础

对大学生进行忠诚观培育，还要分析培育的现实基础。笔者认为忠诚观培育的客观条件和主观条件构成了忠诚观培育的现实基础。客观条件主要包括大学生忠诚观形成机理与现实特点，以及传承优秀传统文化的必然趋势；主观条件则是大学生主体对忠诚观培育的需求。明确这些问题是培育路径选择的重要基础。

（一）遵循大学生忠诚观形成机理

本部分将对大学生忠诚观形成与发展的影响因素进行分析。大学生忠诚观的形成，主要是自我成长的内在因素与外部条件共同作用的结果。具体影响因素的清晰化程度，将直接影响培育结果的有效性。

下面将具体分析大学生忠诚观形成的内在因素和外部条件。

1.内在因素

大学生忠诚观形成的内在因素包括大学生个体经验和个体道德思维发展水平两个方面。

个体经验是指个体对自己亲身经历的事情与问题所获得的感受及认知的总和。忠诚观的形成与个体早期对忠诚的态度与看法密切相关。当一个幼小的个体被告知要永远热爱自己的祖国时，一粒忠诚的种子便悄悄在他的心中滋长。随着人际交往范围不断扩大，个体对忠诚的认知会越来越深刻，对忠诚的需要会越来越大，对忠诚的依恋也会越来越强烈，而这正是忠诚观不断被个体观念内化的结果。当然，如果是消极负面的认知，则同样会影响忠诚观的价值取向。简而言之，个体经验一是为形成忠诚观提供了量上的积累，即"素材"在个体发展中沉淀得越多，则个体对忠诚观的理解越深刻，对忠诚行为的践行也更彻底；二是为忠诚观的形成提供了质上的变化，即个体经验中如果存在信任、合作、体谅、同情等相关因子，并且这些相关因子在个人的人际交往中能够发挥积极的作用，则个体的亲社会行为就会增强，人与人之间的善良、信任就更容易被激发，忠诚观也就更容易形成了。

道德思维发展水平是个体道德形成的理性根基，是忠诚观形成的智力支持。"道德发展是一种不断增长着的认识社会现实或组织和联合社会经验的那种能力的结果。"[①]根据科尔伯格的道德认知发展理论，大学生的道德发展处于习俗水平（"好孩子"和"好公民"取向）和后习俗水平（社会契约取向和普遍道德原则取向）之间。处于习俗水平的大学生以遵从社会规范、社会规章制度为准则；处于后习俗水平的大学生则会将道德标准与自身现有的道德认知相结合，在进行整合、调适、融合后形成自己的道德判断，做出自己的道德选择。由此可见，大学生忠诚观可以分为规范性忠诚观和道德性忠诚观。规范性忠诚观是指大学生对忠诚认知处于一种道德浅层阶段，是对忠诚道德的规范性遵守；而道德性忠诚观则是一种深层次的忠诚认知，是对忠诚本质的深刻体认，是对忠诚行为的高度认同，并将其内化为自身道德结构的一部分，外化于自己的行为。因此，道德思维发展水平影响着个体忠诚观的形成，并且这种影响主要表现为忠诚观的原则化水平和结构化程度的差异。

---

① 柯尔伯格.道德教育的哲学[M].魏贤超，译.杭州:浙江教育出版社,2000:8.

2.外部条件

大学生忠诚观形成的外部条件主要表现为社会忠诚文化、学校教育、家庭教育三个方面。

社会忠诚文化是整个社会文化的组成部分，传递出社会群体对忠诚普遍的、共识性的态度和看法。社会忠诚文化主要通过社会舆论、法律制度、公序良俗等形式向人们传递忠诚观念，并约束人们的行为。从宏观上来说，社会忠诚文化具有历史传承性，是个体忠诚观形成的基石。它作为强大的文化基因深深植根于人类文明流淌的血液中，影响着人们的思想和行为。费孝通先生在《乡土中国》中指出，中国乡土社会的基本结构是"差序格局"，是一根根私人联系所构成的网络，这每一根私人联系的纽带都被一种道德要素维持着。对待亲属需要孝和悌，对待朋友需要忠和信。由此可见，"忠"作为重要的道德要素是不可或缺的。从微观上来说，社会忠诚文化具有现实适应性。我们要在继承优秀传统忠诚文化的基础上，适应当下的多元价值思想，从而形成个性化的忠诚文化。可以说，社会忠诚文化影响着个体忠诚观的形成，而个体忠诚观通过对社会忠诚文化的沿承、选择、整合和改进，内涵不断得到丰富，观念结构也更为完善合理。

教育对忠诚观形成的影响主要分为学校教育和家庭教育两个部分。就学校教育来看，儒家早期文化所提倡的"忠君爱国"思想一直是芸芸众生读书入仕、报效国家的推动力量。此外，教师的言传身教，朋辈之间的关怀以及他们的价值取向、生活方式都会对个体产生巨大的影响。而家庭教育则为忠诚观的形成提供了最初的成长土壤。中华民族是重情重义的民族，有着浓厚的乡土情结。家庭是最小的社会单位，每个家庭成员都有"光宗耀祖"的心理情结。在乡土情结、家庭观念和光耀门楣等观念的影响下，人与人之间的道德规范日渐成型，其中就包括忠诚的价值诉求。如中国古代的"孟母三迁""精忠报国"等故事就折射出家庭教育对个体品质塑造的重要性。

由此可见，学校教育主要通过传授知识以及开展专门化的忠诚教育活动来进行忠诚观培育，而家庭教育主要通过生活方式、父母榜样作用、家规家训之传承来进行忠诚观培育。无论是哪种形式，都在个体忠诚观形成中发挥着不可替代的作用，为忠诚观培育提供了可能性。

（二）关注大学生忠诚观的现实特点

为进一步了解大学生忠诚观形成与发展的特点，笔者专门编制了一套开放式问卷，通过访谈去了解不同年级大学生忠诚观的现实特点。

1.内容上更趋丰富

低年级大学生对忠诚认知更多的是和"诚信"一词相联系，较好地解释了"诚"的内涵，但是对"忠"的理解较为官方化、形式化。他们对"忠诚"一词没有深刻认识，但认同忠诚是一种美德，个体应该遵从。而高年级大学生因为各类忠诚体验的增多，可以将忠诚的内容扩大到与朋友忠、与事业忠，并且能够大致地表达出忠诚的本质内涵。

2.结构上更趋完善

在前文中，我们从知识和价值两个维度探讨了忠诚观的内涵。在访谈中，笔者发现随着年级的增长，大学生忠诚观的结构越来越完善。这主要表现在两个方面：一是忠诚知识增多。随着社会主义核心价值观的不断弘扬与践行，忠诚作为中华优秀传统文化的重要组成部分，开始重新进入人们的视野。近年来，经常会有关于忠诚的文章见诸各大媒体，忠诚的现实意义也不断被广泛宣传。这些无疑成为大学生了解忠诚的重要途径，大学生对忠诚的认知也逐渐深入。二是对忠诚价值的认同度提升。大学生道德发展水平基本达到科尔伯格道德认知发展理论中的习俗水平和后习俗水平之间，道德判断逻辑一致，发展程度更为深入，发展形式更为分化。大学生一方面高度认同忠诚，另一方面又囿于现实对忠诚表现出信奉上的随机化，这导致个体的忠诚认知本身潜藏着矛盾。

3.外力干扰度减弱

外部影响力（简称"外力"）是指社会舆论、文化、氛围等外部因素对个体忠诚观形成产生的约束作用。外力与个体忠诚观形成可能是相互促进、相互抵触、相互融合的过程。如果个体道德发展水平越高，在忠诚观形成中自主性越大，外力作用就较小。大学生从入校到毕业，人生观、价值观和世界观已经基本成型，思想趋于成熟，能够比较客观、理智地对待各种问题。大学生具备一定的观察、分析和解决问题的能力，他们的行为价值更加科学，行为目标更加清晰，行为活动更加独立，行为自主性更加强烈。因此，个体忠诚观的原则性和结构化水平也随之提升，对忠诚的绝对信奉也趋于减弱，取而代之的是对忠诚理性价值的思考，外力对忠诚观的影响也明显减少。

（三）优秀传统文化发扬光大的必然趋势

习近平总书记指出，中华优秀传统文化是中华民族的精神命脉，是涵养社会主义核心价值观的重要源泉，也是我们在世界文化激荡中站稳脚跟的坚实根基。忠诚文化作为中华优秀传统文化的组成部分，是推动社会进步的重要载体。在全国上下掀起学习与弘扬中华优秀传统文化之际，培育大学生的忠诚观无疑是顺势之举，也是深刻挖掘优秀传统文化内涵的重要举措。学习和弘扬中华优秀传统文化可以为忠诚观培育提供丰富的思想沃土。忠诚观培育的一个重要方面就是对传统忠诚文化进行梳理与鉴别。正确忠诚观的形成必须有其固有的思想根本，丢弃传统或者只专注当下的忠诚价值则会割裂思想传承的命脉。博大精深的中华优秀传统文化是我们进行忠诚观培育的重要思想来源，各类优秀文化之间具有互通性、共促性，如儒家提倡的"仁义礼智信"是忠诚观培育重要的道德价值基石。但其毕竟产生于古代，自身固有的不合理因素在当代的忠诚观培育中必须要进行过滤，要对其进行积极的、科学的现代转换，让传统文化在为忠诚观培育提供源源不断的思想精华时，自身也不断地更新，从而更适合时代发展。因此，传承与弘扬中华优秀传统文化可以为忠诚观培育提供良好的文化环境和优质的思想资源，对大学生进行忠诚观培育也可以有效保证中华优秀传统文化的发扬光大，反哺中华优秀传统文化，两者相辅相成。

（四）大学生主体对忠诚观培育的自我要求

在大学生忠诚观培育的调查中，当被问及"你认为大学生忠诚观培育是否具有现实可行性"问题时，90%的大学生认为"具有可行性"，7%的大学生认为"可能具有可行性"，3%的大学生认为"可能不具有可行性"，没有人认为"完全没有可行性"。由此可见，绝大部分大学生对忠诚观培育的现实可行性持认可态度。究其原因，绝大多数大学生对中华优秀传统文化具有崇尚心理，愿意学习并传承忠诚文化，这也为忠诚观培育奠定了现实基础。

在调查中，笔者发现大学生对忠诚观培育的需求较为强烈，主要集中在以下两个方面：

第一，忠诚观培育能够满足大学生学习中华优秀传统文化的迫切要求。近年来，高校正在全面开展中华优秀传统文化教育，大学生对传统文化的学习热情较高。忠诚观培育作为传统文化教育的组成部分，为大学生学习传统文化提供了一个有效的切入点。调查中，大学生均表示目前的忠诚教育开展得相对较少，自己对忠诚问题的认知不够清晰、明确，对传统的忠诚文化了解不够深入。而高校中的传统文化教育与社会主义核心价值观联系较为紧密，且主要讲解"孝""礼"等传统文化知识，大学生对这些内容很感兴趣，希望通过学习了解更多的传统文化精髓。因此，忠诚观培育能够更好地充实高校传统文化教育的内容。

第二，忠诚观培育能够帮助大学生厘清忠诚认知上的盲点。这里忠诚认知上的盲点主要是指大学生对一些忠诚问题存在认知偏差。在高校传统文化教育中，大学生接受的忠诚知识较少，但是其所生活的社会环境却给他们提供了很多思考忠诚问题的机会。如当国家利益受损时，如何做到理性爱国？如何做到解决"忠诚两难"的困境？如何将忠诚文化应用于实际生活？这些与大学生生活密切相关的问题，在忠诚观培育中都会有所涉及。忠诚观培育也就是呈现大学生忠诚认知中存在的问题，让大学生对当前部分思潮的负面影响进行分辨，提高大学生对忠诚的认知能力，帮助大学生分辨什么是理性的忠诚行为以及如何理性地践行忠诚观。因此，忠诚观培育很好地满足了大学生对忠诚问题的求知欲。

综上所述，当前高校大学生忠诚观培育，既具有较为系统的理论支撑，又拥有较为扎实的现实基础，这为探析大学生忠诚观培育的基本思路与路径形态奠定了基础。

第四章

大学生忠诚观培育的
基本思路与路径形态

结合上一章几种理论的优势，本研究选择"综合择优"思路，全方位传递忠诚知识与价值，分析大学生忠诚观培育的主要路径，探讨大学生忠诚观培育的实践形态，为大学生践行忠诚观创设道德氛围，让忠诚观培育回归生活世界。其路径和形态主要包括以思想政治理论课程为抓手、以优秀传统文化为支撑、以价值教育为核心、以实践育人为保障、以榜样学习为引领、以隐性教育为契机，通过多种教育方式让理论走向实践，让忠诚成为大学生良好道德品质的重要组成部分。

第一节 大学生忠诚观培育的基本思路

"忠"既是中华传统道德文化中的一个重要德目，也是当前建设"孝亲、尊师、友人、立志、长善、救失、守法、循规"新八德的重要组成部分。培育大学生忠诚观是基于我国当前社会的忠诚危机和建设忠德社会的背景提出来的一个思想政治教育课题，旨在初步解决忠诚教育的有效性问题，为建设忠正诚信的社会发挥教育的力量。但通过怎样的方式来实现教育实践，即如何做，是本书要解决的核心问题。当代大学生忠诚观培育可从"综合择优"方面来进行思考和研究。

一、"综合择优"思路的含义

大学生忠诚观培育"综合择优"思路，是指在忠诚观培育中采用综合全面的方法，充分汲取多种相关理论的优势，寻找各种理论之间的共通点，从而找到最优化的培育方式。这一思路包含三层意思：一是培育目标的协同性，二是培育方式的多样性，三是培育体验的真实性。培育目标的协同性是指大学生忠诚观培育要同时实现促进社会发展、完善个体忠诚知识以及深化忠诚价值内涵这三个目标。大学生忠诚知识的累积可以逐渐让忠诚价值的内力得到彰显并影响到周围的环境，在知识与价值的平衡发展中提升社会整体忠诚水平。培育方式的多样性是指可以选择前文四种理论中较为核心的教育方法，来强化教育影响的多样化与全面性，具体实施中可以是直接与间接、主导与辅助等方式相融合。培育体验的真实性是指无论怎样的理论终究还是要有自己的实践范式，只有放到真实的实践形态中才能实现忠诚观培育过程的完整性，才能真正让理论为人们所接受运用，这是理论之所以存在的价值体现。

大学生忠诚观培育"综合择优"思路主要是针对目前忠诚观培育方式的单一性以及教育知行统一原则提出来的。"择优"即吸取相关理论最精华的部分为我们所用，改变单向度的知识传授。而知行统一是教育生活化的表达方式，也是教育理论知识最终的落脚点，教育产生于生活，生活需要教育，"哲学转向生活世界的实质是转向人或此在的'现身情态'，是在人的现实活动和生存状态中理解人本身"①。大学生忠诚观培育是在学校生活、家庭生活的实践中进行的，是通过学校道德教育、家庭道德教育、社会道德宣传的整体运行逐步完成的。大学生忠诚观培育"综合择优"思路就是根据忠诚观本身的结构特点、大学生忠诚观培育的特点以及大学生忠诚观发展的特点而建立的，它以推动道德思维成熟为基础，以传递社会忠诚价值为手段，以营造忠诚道德环境为保障，以内化与外显忠诚行为为终极目标，将个人内在的道德素养与社会发展伦理要求相结合。在操作上，大学生忠诚观培育主要从以下三个方面来进行。

（一）多渠道、多角度传递忠诚知识与价值

大学生忠诚观培育实际上是让大学生将"口号式"的忠诚转化为更为直观理性的认知，从深层次帮助他们理解忠于国家、社会、个人的重大价值，再通过专门化的培育方式让这些知识入脑入心，进而转化为大学生一种常态的道德品质。从社会层面来说，"忠德可以在比较多的层面起到涵养、培植社会主义核心价值观的作用"，"由忠爱而表现的仁爱之德能成为涵养'爱国''敬业''诚信''友善'之德；由忠正而表现的义正之德能成为涵养'公正'之德；由忠敬而表现的礼敬之德能成为涵养'和谐''敬业''友善'之德；由忠善而表现的智善之德能成为涵养'文明'之德；由忠诚而表现的信诚之德能成为涵养'诚信''友善'之德；由忠义

① 高清海,孙利天.论20世纪西方哲学变革的主题与当代中国哲学的走向:转向现实生活世界的哲学变革[J].江海学刊,1994(1):100.

而表现的道义之德能成为涵养'爱国'之德；由忠孝而表现的爱亲人、爱家庭、爱家乡、爱故土、爱国家、爱天下之德能成为涵养'爱国'之德；由在公与正二义前提下的忠君爱国而表现的传统的爱国主义思想能成为涵养'爱国'之德"①。国家可以通过媒体、高校、社区活动结合一些先进典型人物的事例广泛宣传忠诚道德的意义与价值，让忠诚更具有时代魅力，让忠诚观念更加"大众化"。从学校层面来说，可以通过道德讨论法、体谅模式等为学生提供思考、体验忠诚问题的机会，促进学生的道德发展。大学生忠诚观培育实际上是学校向学生传递社会道德规范变迁中的价值取向，帮助大学生选择合适的道德行为。学校可以通过专题教育、校园文化建设、社会实践、体验式教学等途径，以及环境陶冶、榜样示范、宣讲等手段，全方位传递忠诚知识，让学生在良好的情境中加深对忠诚的认知。从家庭层面来说，对大学生进行忠诚观培育可能较难实现，但家庭成员对忠诚的认知以及践行会对大学生产生重要的影响。可以说，只有实现社会、学校、家庭的三者联动，形成有效的联合培养机制，才能真正实现培育的多渠道、多角度。

(二)遵循大学生忠诚观培育规律

根据科尔伯格的道德认知发展理论，大学生的道德发展水平处于习俗水平和后习俗水平之间。在这一阶段，大学生关注他人的态度，并尽量做到与周围的角色保持一致。大学生忠诚观发展遵循"基本认同—质疑—分析与判断—重新认知"的规律，这就表明在忠诚观发展过程中大学生的道德思维水平存在差异，而这种差异既会影响到个体对忠诚知识的掌握和忠诚价值的理解，也会让个体忠诚观的原则化水平呈现差距，更会较为直接地影响忠诚行为的践行。因此，提升大学生道德判断能力是培育良好忠诚观的重要保障，教师可以通过科尔伯格的道德认知发展理论的有关方法引导大学生对忠诚进行深入的认知。知而不能行，只是知得浅，知到切身处，知与行就合一了。

---

① 徐小跃.忠德的多重意义与价值[N].光明日报,2015-06-27(10).

（三）为践行忠诚观创设道德氛围

忠诚道德氛围忠诚是指一定社会环境中人们关于忠诚的道德意识、道德关系、道德舆论、道德教育和道德修养等道德现象的综合体。它是在忠诚道德实践中通过忠诚道德互动和忠诚道德感染形成的。创设忠诚道德氛围主要集中于学校，因为学校是学生学习、生活的主要阵地。高校创设忠诚道德氛围既是为大学生忠诚道德教育创造条件，也是对大学生进行道德教育的重要手段。忠诚道德氛围的熏陶感染能促进大学生的道德意识从不自觉发展到自觉，道德行为从不习惯发展到习惯，从而让大学生逐步形成稳定的忠诚道德品质，不断提高忠诚道德境界。具体来说，要营造好忠诚道德氛围，一是要做到坚持不懈地进行社会主义忠诚道德教育，运用各种方式大力宣扬社会主义忠德观念，大力提倡爱国主义、集体主义精神；二是把忠诚道德教育与法制教育、思想政治教育工作结合起来，良好的忠诚道德氛围的形成不仅要依靠忠诚道德教育，还要依靠法制教育和思想政治教育的支持、协助、促进和维护；三是要充分发挥党员、干部、道德模范的榜样示范作用，促进良好忠诚道德氛围的形成；四是营造忠诚道德氛围还需要以社会主义核心价值观为理论基础，以经济发展为动力基础。另外，良好的忠诚道德氛围必须能够适应经济发展的需要，能够促进社会主义制度的不断完善。营造良好的忠诚道德氛围是关系到整个社会特别是大学生道德教育的一件大事，是改善社会道德风貌的重要途径，也是社会主义精神文明建设的重要内容。

二、"综合择优"思路的现实基础

"综合择优"思路的现实基础之一是高校教育途径的多样化。高校是大学生忠诚观培育的主要阵地，无论是思想政治理论课程知识的教授，还是校园忠诚文化氛围的熏陶，抑或是有关忠诚的社会实践活动（如大学生开展关于忠诚问题的社会调研活动以及关于忠诚观念、知识等的社会宣传活动），都显示出学校生活和教育活动对大学生忠诚观的形成与发展产生了多样化的影响，这些影响对大学生来说是最为直接也是最易接受的，甚至可以从内在机制上引领大学生忠诚观的健康发展。

"综合择优"思路的现实基础之二是激活忠诚观结构要素的良性运转。前文已论述过忠诚观知识维度包括忠诚内容、忠诚形式和忠诚行为评价标准三个层次。"综合择优"思路就是选取恰当的忠诚观培育内容，用相关理论中最有价值也最为人所接受的知识传递方式，固化已有的评价标准，全面促进忠诚观结构要素的互动，并将之内化为大学生道德品质的一部分，从而形成良好的忠诚观。

"综合择优"思路的现实基础之三是忠诚观培育方式的完整化，即注重知行合一。大学生忠诚观培育是作用于人思想、心灵的一项社会实践活动，从开始实施到效果体现，都离不开现实世界中的"现实的个人"和"现实的世界"。从"现实的个人"出发，我们把受教育者当成主体来对待；从"现实的世界"出发，我们把受教育者放入一种"问题情境"中，充分发挥受教育者在"问题情境"中的能动性与主动性，从而让忠诚观培育在交往互动的实践活动和实践体验中完成。我们可以将大学生置于一定的问题空间，充分尊重大学生的想法，在条分缕析中进一步纠正或改善大学生的忠诚认知，从而促进大学生忠诚道德认知、忠诚道德情感和忠诚道德行为的共同发展。

"综合择优"思路的现实基础之四是让相关理论相互交融。"综合择优"思路就是让各种相关理论能够互利互用，毕竟任何理论之间都有相通性和互补性。马克思主义社会发展主体论让我们更加注重大学生的主体性人格发展，社会主义核心价值观则为大学生忠诚观培育提供了最为主流的指导思想，它们为大学生忠诚观培育提供了高层次的理论指导；而道德认知发展理论和价值观教育体谅模式则表现出更为明显的操作性，并且注重大学生的自我选择和人生价值的体现。这几种理论之间最大的共同点在于较为客观公正地提供了价值观培育的方法与途径。

三、"综合择优"思路的优势

"综合择优"思路的优势之一是最大限度地发挥了教育作用，通过多种形式、途径实现教育作用的最大化。"综合择优"思路的优势之二是让大学生忠诚观培育回归生活世界。这种思路能够引导人们在面临各种诱惑的多元文化背景中，用"内心的道德律"去指导社会生活实践，克服了单一的教育方式与鲜活的现实生活割裂开来的不足。"综合择优"思路的优势之三是让忠诚观培育更为"自然化"。也就是说培育的时机更为灵活，培育的方式更加多样，培育的内容更易为个体所接受，让忠诚观培育自然地渗入校园文化生活中。

第二节　大学生忠诚观培育的主要路径
与实践形态

一、主要路径

大学生忠诚观培育离不开学校、家庭、社会的共同作用，三者的影响力都不可忽视。限于主题及篇幅的原因，本书主要从高校教育者的角度探寻高校关于忠诚观培育的主要路径。

法国教育学家涂尔干认为，"强迫学生去接受道德事实、道德价值和行为确实不好"，但是，"我们要成为的那种人是未来社会所要求的人"，"以至于不按社会的要求去限制、规范我们的行为、欲望，我们就不能形成一种社会性人格"，"如果说这就是灌输，那么灌输就是不可避免的"[①]。"正面教育是指在内容上多用积极的正面的事实和道理、良好的榜样来教育学生，使其明辨是非好坏。在方法上，强调循循善诱，以理服人，使之心悦诚服，自觉接受教育，把教育要求转化为学生的自我要求"[②]。

大学生忠诚观培育的目的主要是传递一种道德规范，让大学生能在已有知识的基础上学会理解社会共同认可的忠诚价值。同时，由于大学生思想不够成熟、心智不够稳定、认知能力有限，必要的专门性课程就显得尤为重要了。这种课程可以是思想政治教育课程中有关忠诚观培育的理论课程，也可以是与忠诚教育相关的校内外的实践课程，还可以是在其他人文社科类课程中所开设的关于忠诚问题的漫谈。这些适当的正面教育方法，

---

① 戚万学.冲突与整合:20世纪西方道德教育理论[M].济南:山东教育出版社,1995:110.

② 胡守棻.德育原理[M].修订本.北京:北京师范大学出版社,1989:128.

让学校成为优秀忠诚观的传递者，帮助大学生树立正确的忠诚观。具体来说，正面教育的方法主要包括以思想政治理论课程为抓手的方法、以优秀传统文化为支撑的方法、以价值教育为核心的方法、以实践育人为保障的方法、以榜样教育为引领的方法、以隐性教育为契机的方法。通过讲授固化学生的忠诚知识或者通过榜样示范的形式传授忠诚知识，可以让学生更为直接地接受知识；如果在此基础上再给予学生自己判断、自己思考的机会，他们就会深刻理解忠诚知识。因此，上述几种方法不是孤立的，而是相互融合、相互补充的。

（一）以思想政治理论课程为抓手，其他人文社科类课程为辅助

思想政治理论课程既是人文社科类课程的重要组成部分，也是高校思想政治教育的主渠道，还是高校德育工作中学生受益面最广，教育形式最正规、最系统，发挥思想政治教育作用最大的德育形式。虽然当下的思想政治理论课程中有关具体的忠诚教育内容偏少、深度不够，但不能否认思想政治理论课程潜在的功能，即给学生传授认识世界的方法以及理想信念的塑造、道德与美德的坚守等有关大学生世界观、人生观、价值观教育的主要内容。除此之外，人文社科类课程还包含经济、文学、伦理学、教育学、心理学等课程，这些课程都具有很强的时代性、知识性、历史性、创新性，在知识传授中可以让学生了解历史、提高审美情趣、健全品格，是思想政治理论课程的有力补充。忠诚问题本身内涵较为丰富，涉及历史、人文、政治、哲学、伦理等学科，而这些学科摆脱了单一的道德教育模式，可以帮助大学生从不同角度理解忠诚。同时，我们也要注意到，虽然人文社科类课程很受学生的欢迎，但某些课程中含有"西化""去政治化"的倾向，加上个别教师政治观念不强，立场不够坚定，容易让一些不良社会思潮侵入学生的思想中，这一点需要引起重视。

大学生忠诚观培育要以思想政治教育为主要阵地，内容上要增加忠诚价值相关知识和忠诚的实践形态；要突出教育内容的时代性和针对性，以

及实践方式的可操作性，切实提高思想政治教育的有效性。另外，可以尝试与相关的人文社科类课程整合教学资源，通过说理教育与实践教育相结合的方式传递知识，与学生产生共鸣。

（二）以优秀传统文化为支撑，实现忠诚文化的现代转型

"在中国历史上，'忠'是中华传统道德文化中的一个重要的德目。孔子的文、行、忠、信的'四教'中有'忠'，孟子的'忠信仁义，乐善不倦'的'天爵'中有'忠'，《周礼》的'智、仁、圣、义、忠、和'六德中有'忠'，'孝悌忠信礼义廉耻'旧四维八德中有'忠'，'忠孝仁爱信义和平'新八德中有'忠'。这充分证明了'忠'在中华传统文化当中的重要地位。"①诚然，我们不能将古代所宣扬的忠德观念直接拿来，但传统忠德观念中所蕴含的超越时代和阶级的精髓与精神，无疑可以在现时代的基础上进行转换，从而为大学生忠诚观培育提供思想养分。

1.传统的公忠观念为大学生爱国主义教育提供思想资源

公忠本意为利国、利民、利公，表现为对国家、对人民、对正义事业的忠诚。公忠的伦理思想内涵，一是忠于国家和人民。忠于国家，就是要求大学生有建设祖国、保卫祖国的奉献精神。《左传》中说"将死，不忘卫社稷""临患不忘国"，体现了先人们为国家利益不惜牺牲生命的高尚品质。在大学生忠诚观培育中，要教育大学生把热爱祖国作为自己神圣的道德义务，牢固树立中华民族意识和国家利益至上意识，自觉维护国家的独立、统一和尊严，为把中国建成富强民主文明和谐美丽的社会主义现代化强国做贡献。忠于人民，就是要关心人民、爱护人民、向人民负责，为广大人民群众谋福利，敢于同危害人民利益的坏人坏事做斗争。在社会主义民主制度下，忠于人民不仅要让人民安居乐业，还要全心全意为人民服务，把人民的利益放在首位。二是忠于自己的角色职责。也就是说行为要符合自己的身份，公正地履行自己的职责，"居之无倦，行之以忠"。只有每个人都公正地履行自己的职责，整个社会才能正常有序地运转。三是忠

---

① 徐小跃.忠德的多重意义与价值[N].光明日报,2015-6-27(10).

于自己的事业。传统忠德观念要求人们忠于职守。在《忠经》中有专门的《冢臣章》《百工章》《守宰章》《兆人章》等内容，就是针对不同职业的人规定了具体的职责。忠于自己的事业就是要树立主人翁意识，忠于职守，爱岗敬业，奋力拼搏，在不同的岗位、行业中创造一流的业绩。

2. 传统的忠信观念可以充实大学生诚信教育的思想内涵

早在先秦时期，忠信观念就已经是社会较为普通的道德准则。孔子将忠信作为其道德教育的重要内容，在《论语》一书中，"信"出现了40余次，如"与朋友交，言而有信""谨而信，泛爱众，而亲仁"等。另外，《左传》中说"孝敬忠信为吉德""忠信，礼之器也"，《礼记》中有"忠信，礼之本也"，《孟子》中有"仁义忠信，乐善不倦，此天爵也"。尽管各学派对忠信的解释不尽相同，但都认为忠信作为一种做人的品格，是人们社会生产与生活中所必须依据的道德前提，无忠信则无社会。笔者认为，传统的忠信观念可以转换为现代的诚信观。因为"忠"与"诚"本身就具有相通性，二者的基本原则也具有相通性，"言忠信，行笃敬"等合理内核，仍可为今所用，忠信即诚信。在大学生忠诚观培育中，一要将忠信观念作为一种独立的价值存在呈现出其自身的道德内涵，让忠信成为大学生在社会上安身立命的基本品格；二要将传统的忠信观念与现代的诚信观教育有机结合，尽可能摆脱过去那种单一灌输传统文化或诚信观的教育方式，用优秀传统观念的哲学底蕴来理解现代诚信观的理论内涵，让优秀的传统忠信观念为诚信观教育所用，让建立在优秀传统文化基础上的忠诚观成为大学生的坚定追求。可以说，"忠""信""诚"的内涵具有一体性，"忠"涵盖着社会政治上的君臣关系、个体与集群关系、社会成员之间的伦理关系，"信"直接生于人的本心，本心开显，人才能形成自己的思想世界与生活世界，而"诚"则是"忠"的延伸，是"忠"的深入发展，三者任意实现其一，其他两者的境界也就随之而提升了。

3. 传统的忠恕观念为大学生向善教育提供心性依据

朱熹在《论语集注》中认为"忠恕"是"尽己之谓忠，推己之谓恕"。

意思是尽自己最大的努力去做即为忠，推己及人则为恕。"儒家的忠恕之道，不仅要求主动、自觉地竭尽本己、发明仁心，而且还要求跳出自我，体贴别人"①，这都是友善的表现。大学生忠诚观培育也是一种向善心的孕育过程，"教人以善谓之忠"，教人向善从根本上来说就是呼唤向善之心，它并不是什么具体的道德或德行，而是从总体上要求人们向善、行善。当向善与中华文明发展相融合时，善作为一种情感特征就会渗入社会主义事业的各个角落，会让社会主义事业呈现出神圣感，而个体在这种强大外力的感召下，忠诚之情就会油然而生。一旦个体的忠诚信仰形成，其所释放的力量将是巨大而又恒久的。在具体操作中，我们可以用前文中的体谅模式来进行大学生忠诚观培育的向善教育。

（三）以价值教育为核心，实现忠诚价值认同

价值教育是国际教育界自20世纪90年代以来兴起的一种国际性教育思潮，是面对现代性价值危机而产生的一种新的教育理念和教育思想。关于什么是价值教育，我国学者王逢贤给出的定义较为完整，即"价值教育是促进人的价值素质发展的高级社会活动。严格说来价值教育只能从人的价值层面，对其主体价值素质的生成施加影响，其中尤应将人的价值创造意识和能力作为强项，显示出人的价值可贵之点。如果教育能从人的价值高度上培养公民及各种社会角色的人，而人人又都能在各自的实际活动中成为自我价值和各种价值的创造主体，从这个意义上可以说，价值教育的实质是创造人的价值的教育或真善美的人的创价教育"②。价值教育倡导教育要指向人的生存目的，要使人认识到人自身的存在目的和存在价值，使人的生活充满价值和意义；价值教育要培养的是直面生活、具有价值感和充满意义的人，是立足现实、不断追求自我超越的人，是真善美的人。

实际上，无论是理论上还是实践上，价值教育都是大学生忠诚观培育的重要方法。"如果大学生不能正确解读价值本质，就容易对价值的理解

---

①余治平.忠恕而仁：儒家尽己推己、将心比心的态度、观念与实践[M].上海：上海人民出版社，2012：418.

②王逢贤.价值教育及其在新世纪面临的挑战[J].高等教育研究，2000(5)：54.

走向两个极端，要么是机械唯物主义倾向，要么就是主观唯心主义倾向，而不能将价值的主观能动性和客观规律性有机结合起来进行科学的、辩证的解读。"①在大学生忠诚观培育的现状调查中，有一部分大学生对忠诚在当代社会存在的价值提出了诸多疑问。这让笔者不禁反思：为何作为中华优秀传统文化之一的忠诚文化被质疑？其中很重要的原因就是部分大学生价值观模糊。由于社会不良风气的影响，加上忠诚价值的评判标准也没有形成共识，有时候会出现一些人打着"忠诚"旗号做着背信弃义的事情。可以说，个体的价值取向决定其价值观。对大学生进行价值教育也就是在注重价值多样性和全面性的基础上，立足大学生的生活实际，进入他们的内心世界，通过一定的方式增强他们的道德判断能力，不断完善他们的人格，提升他们的人生境界。

笔者认为，在大学生忠诚观培育中进行价值教育，可以重点选取国家认同价值教育、文化价值教育、情感价值教育三部分内容来展开。

1.开展国家认同价值教育，提升大学生忠诚观的政治高度

大学生是国家、民族未来发展的希望，加强大学生国家认同价值教育，升华大学生爱国主义情感，是传递大学生忠诚观培育内容的重要方式之一。国家认同指国家的属性、作用由于同人民的需要、欲求具有相互融洽性，从而受到主体珍重的一种思想认识和实践活动，是人们对国家客观属性的一种主观满足。国家认同是公民集体认同的最高形式，也是一个关注度较高的安全议题，涉及祖国的统一、民族的团结和国家的安全稳定。可以说，如果大学生群体对国家认同度越高，那么他们对党和国家的忠诚度也就越高，他们的爱国主义情结也就更为深厚；而将这种爱国热情引导和凝聚到建设中国特色社会主义伟大事业上，引导和凝聚到为祖国的统一、繁荣和富强做贡献上，则是高校开展国家认同价值教育的真正旨归。

在大学生忠诚观培育中进行国家认同价值教育，可以从以下四个方面入手：一是重塑核心价值观念，加强对社会主义核心价值观的宣传与践行。二是重视历史的纽带作用，树立中华民族自豪感。高校要在各年级开

---

① 石元波.高校思想政治教育中一元与多元辩证关系研究[J].思想教育研究,2012(12):20-21.

展中华民族历史教育、爱国主义教育，增强大学生民族自豪感和优越感。三是提升大学生政治认同。高校在开展政治认同教育时，要以思想政治理论课为抓手，帮助大学生掌握基本的政治理论知识，认清基本政治问题，减少政治困惑，培育大学生新时代公民意识。四是进一步增强大学生凝聚力，发挥学生党员集体战斗堡垒作用，提升学生党员队伍素养。要开展爱国主义教育，把大学生群体团结到党中央周围，坚定不移地走社会主义道路。

2.开展文化价值教育，更新大学生忠诚理念

"文化是一个民族的重要标识，是伦理道德和价值体系的载体。"[①]大学生忠诚观培育过程中的文化价值教育，主要是指忠诚文化的价值教育。忠诚文化是文化的重要组成部分，一个国家国民的忠诚度直接反映出这个国家的整体文化精神。在前文中我们论述过，近年来由于各种西方价值文化的侵入、社会思潮的影响，忠诚文化发展出现了失衡，产生了危机。部分大学生过分注重自我，缺乏社会责任意识。因此，对大学生进行忠诚文化价值教育是忠诚观培育必不可少的环节。忠诚文化与忠诚价值是一种辩证关系：一方面，忠诚文化可以推动忠诚价值的形成；另一方面，忠诚文化也制约着忠诚价值的发展。忠诚文化说到底是一种文化信仰，是人民自己创造出来的，而人民对忠诚文化资源的占有量、对忠诚文化内涵挖掘的深度、对忠诚信仰的坚守度以及对忠诚行为的践行度都会影响到忠诚价值的现实呈现。

对大学生进行忠诚文化价值教育，可以从以下五个方面入手：一是充分发挥课堂教学中人文学科的文化功能，秉承"以人为本"的先进理念，根据大学生的心理发展特点及时代要求，找出符合当下社会发展的忠诚文化；二是加强对优秀传统忠诚文化的学习，提高大学生对本民族文化的认同度；三是不断丰富忠诚观培育的内容，促进忠诚文化价值教育与学科教学的有机融合；四是加强校园文化建设，多为大学生提供思想健康的文化

---

① 教育部思想政治工作司,教育部高等学校社会科学发展研究中心.大学生思想政治教育"十个如何"研究[M].北京:高等教育出版社,2007:132.

活动，提高学生的文化选择能力；五是优化自媒体文化环境，增强主流文化的传播。

3.开展情感价值教育，铸就大学生忠诚理性

"情感教育是指在现代思想政治教育中，通过情感交流触发人们积极的情感体验，唤起人们自我教育的主动性，促使人们在相互依赖、彼此尊重的心理基础上，将正确认识转化为自觉行为的教育。"[①]人类社会关于情感价值教育的研究历史悠久。如儒家先圣孔子所提出的"知之者不如好之者，好之者不如乐之者"，就提倡在学习中注重乐趣。而古希腊哲学家苏格拉底的"产婆术"更是体现了对人性的尊重，启发个体通过自发的思考得出结论。20世纪60年代，美国教育心理学家克拉斯沃尔和布卢姆等人研究认为，建立在价值认识基础上的价值体系是形成情感的前提。罗杰斯认为，最好的教育应该是发挥人的主动性，达到自我发展和自我实现的目标。20世纪90年代，我国学者朱小蔓提出在教育领域内进行情感教育研究，可以尝试让学生在生活化的情境中去体验、感悟，从而形成良好的道德品质。然而在现代思想政治教育中，有些人过多关注知识的传授、思想的灌输，出现了"重知轻情"现象，造成大学生"知、情、意、行"脱节。"只有情感才能充当人的内在尺度，才是教育走向创造、实现价值理性的根据。"[②]

情感是人的精神需要，具有一定的精神价值。情感既是人们相互交流的纽带，也是人们对一定价值事实的理解、感受和态度。个体判断事物如果没有情感参与，那么他的生活是毫无意义的，他的幸福感、满足感就会降低，因而也会出现错误的选择。反之，当个体情感充沛且健康时，个体就会产生热爱生活、热爱生命、与人为善的积极人生态度。在教育过程中，知识为大学生提供了价值认知的基础，而情感则可以贯穿教育的全过程，促进大学生对知识的理解，引导大学生形成正确的价值追求。

在大学生忠诚观培育中运用情感价值教育，就是培养大学生对忠诚价

---

① 徐志远,龙宇.现代思想政治教育中情感教育的机制和规律[J].思想教育研究,2011(4):12.

② 朱小蔓.情感教育论纲[M].北京:人民出版社,2007:69.

值的感受和体验，并将忠诚文化的客观机制移入个体内部，使个体形成完整的价值体系。因此，大学生忠诚观培育不能仅仅依靠外部知识的灌输和硬性的行为约束，而要重视教育过程中大学生内在的情感变化，提高大学生对情感的自我控制能力，使大学生形成正确的忠诚价值意识，树立正确的忠诚价值目标，遵循正确的忠诚价值规范，从而做出更为理性的忠诚行为。

（四）以实践育人为保障，做到"知忠诚""行忠诚"

马克思指出，凡是把理论引向神秘主义的神秘东西，都能在人的实践中以及对这个实践的理解中得到合理的解决。实践说到底就是去做事，是在一定理论指导下的行动。实践育人是一种正面教育，它在促进学生全面发展、健全学生人格等方面的作用是其他教育形式无法替代的。在大学生忠诚观培育中进行实践育人，关键是要做到如何通过各种实践形式来夯实大学生的忠诚思想，并能在一定程度上影响他们以后的忠诚行为。目前，高校的实践教育主要包括科技创新、勤工俭学、实地调研、社区服务、社会实践等方式。大学生忠诚观培育最为直接的实践方式主要是在高校中开展关于忠诚文化的宣讲活动。举办宣讲活动的目的是让大学生明白忠诚是每个人必须遵守的道德规范，是每个人最为基础的道德品质，要求大学生在思想行为上表现出对党和国家的忠诚。但由于观念影响的滞后性，知识积累对大学生产生的影响力或者宣讲活动的效果并不会马上体现出来。鉴于此，我们可以进行大胆尝试，如开设"中国传统文化之忠德观教育"讲习班，每一期招收一定数量的学员进行培训。等这些学员毕业了，可以继续追踪调查这批学员 2~5 年内的就业情况、婚恋情况，这也是检验高校忠诚观培育有效性的一种手段。当然，这只是一种实践假设，是否具有可操作性还需进一步论证。就目前情况来看，实践教育缺乏长期性和有效性机制，实践教育内容和形式单一，实践教育时间较短，一定程度上降低了实践教育的效果，而且实践教育在道德观念的形成中究竟能产生多大的影响无从考证。但无论怎样，我们还是要紧紧抓住实践育人环节，在教学体系、教学计划等方面加大实践教育的比重，把实践教育放在与课程教学同等重要的地位，实现高校实践育人模式全程化。

（五）以榜样教育为引领，发挥忠诚模范引领作用

榜样教育是指用正面人物的优秀品格和模范行为去教育、影响、感化学习者，使学习者能够积极主动学习、效仿、内化的一种道德教育方法。在中华民族的历史发展中，每个时期都会涌现出无数的榜样人物，他们对思想政治教育产生着重要的影响，而忠诚人物的榜样形象则更是忠诚观培育所大力宣传和倡导的。如解放战争时期的董存瑞、刘胡兰等，用自己的鲜血和生命将胜利的国旗染红，无愧于中华民族忠诚卫士的称号；李大钊、陈独秀等，用文字展示了马克思主义者的民族气概，表现出对共产主义理想信念的忠心追求；华罗庚、钱学森、邓稼先、童第周等，用科学技术和爱国情怀推动了祖国的发展，表现出对知识、对事业的无限忠诚；孔繁森、任长霞、牛玉儒、沈浩等战斗在基层的优秀共产党员干部，用责任和担当树立了党的旗帜，表现出对党和国家的忠贞不渝……他们激励了我国一代代年轻人成长，影响了一代代年轻人的价值观。

榜样教育对学习者能够产生示范和激励作用。然而目前的榜样教育缺乏深刻性、广泛性和持久性，学习者很多时候是停留在听报告、写感想的阶段，无法将榜样教育本该发挥的价值体现出来。学者戴锐认为，榜样教育的有效性指标主要表现为五个方面：一是认知度，指受教育者对榜样的行为表现及这种行为的背景材料的认识程度；二是理解度，指受教育者对榜样人物及其行为所蕴含的精神内容（道德观念、价值取向、心理品质、行为取向等）的认识程度；三是认同度，指受教育者确认榜样及其行为中所蕴含的精神内容的正确性、崇高性及其对自己具有的功利意义的认识程度；四是情感共鸣度，指受教育者在情感上受感染、震撼并愿意以榜样及其行为蕴含的精神内容作为自己行为的精神取向的程度；五是践行度，指受教育者在自己的行为中对榜样及其行为所蕴含的精神内容的体现程度[①]。

───────────────

① 戴锐.榜样教育的有效性与科学化[J].教育研究,2002(8):19.

　　基于此，我们可以从以下两个方面去实现榜样教育在大学生忠诚观培育中的有效性：一是合理利用榜样的呈现方式。就目前来说，榜样呈现方式通常为现身说法，如专题报告或讲座；媒介宣传，如先进典型人物评比活动。现身说法由于是直接面对受教育者，榜样人物的情感能够得到很好的传递，对受教育者也会产生较大的影响，但同时也存在影响范围小、时间短等问题。媒介宣传的方式会让更多的榜样得以呈现，但是需要受教育者进行甄别筛选。因此，对于这两种呈现方式，我们必须根据大学生的现实特点和精神需要来进行选择，设身处地从他们的思想和行为出发寻找结合点和突破口。二是增强榜样的示范效应。大学生群体知识水平相对较高，直接示范对他们的影响不大，因此需要注重榜样人物精神的分析和传导，从而实现精神示范。同时，我们还要选取一些与大学生社会地位、角色相一致的榜样人物（如大学生身边的同学、毕业生），这样更容易让大学生接受并学习，最终实现榜样的精神与大学生自身的行为相融合。这里要注意的是，如果个体已有的价值观与榜样人物相类似，则会进一步固化个体的价值观；如果不一致，教育者还要进行纠偏教育。

（六）以隐性教育为契机，发挥忠诚环境"潜对话"功能

　　大学生忠诚观培育与一般的教育活动一样，也分为显性教育和隐性教育。显性教育是一种有意识的教育活动，有着明确的教育目标、教学形式、教育过程，主要表现为师生之间的交往互动，如课堂教学活动。隐性教育则更多的依赖外界力量的感染熏陶，教育者、教育目标、教育内容没有直接呈现，教育形式也具有间接性、渗透性、隐蔽性，学生在不知不觉中受到了影响。从教育的有效性来说，显性教育优势明显，因为能够给学生传递普遍的、共识性的知识，能够清楚直接地传递教育者的预设内容。特别是在忠诚观培育过程中，由于大学生思想不成熟，价值观尚未定型，容易对忠诚问题、忠诚行为产生理解上的偏差，所以必须通过显性的教育方式向他们呈现正性的忠诚知识，让他们认同忠诚价值，提升道德判断力。但是，就大学生忠诚观培育来说，显性教育也存在一定的局限性，如

培育形式缺乏连续性、培育内容缺乏深刻性等等。那如何来填补这些缺陷？笔者认为隐性教育能够为其提供很好的弥补空间。

大学生忠诚观培育中的隐性教育主要包括校园文化、网络及自媒体、社会环境。隐性教育虽然缺乏外显的互动交流，但这种潜移默化的渗透方式可以让学生的思想与外在的力量进行一种无声的心灵对话——"潜对话"，这种对话可以直接触碰到学生的内心深处，并对学生产生较为深远的影响。

1. 以校园文化为基点，营造浓郁的忠诚文化氛围

行为学家罗杰·巴克曾说过："环境对激发和形成人在环境中的行为方式有很大的影响。"校园文化是以学生为主体，以课外文化活动为主要内容，以校园为主要空间，以校园精神为主要特征的一种群体文化。校园文化以育人为主，以提高学生的综合素质为重点，根据学生思想、行为的特点设计层次多样、内容广泛、形式新颖、结构灵活的活动，而这些活动以极其自然的方式影响学生，深受学生的欢迎。营造忠诚文化氛围需要广大师生的共同努力，如开展系列忠诚主题教育活动，邀请当代忠诚道德模范走进校园进行宣讲，开展大学生群体忠诚度问卷调查及实际调研活动，等等。可以说，这些丰富多彩的文化活动能够将学生从书本中解放出来，让他们更加深刻地体验到忠诚本身的魅力，既拓宽了视野，更新了思维，也丰富了道德认知，提升了道德水平。同时，在活动中教育者还能够根据实际情况第一时间了解到忠诚观培育的实施现状，发现问题，从而不断更新教育内容，反哺第一课堂，增强忠诚观培育的有效性和针对性。

2. 以网络及自媒体为平台，构建新型忠诚教育空间

现代社会是一个信息社会，网络及自媒体本身所具有的隐蔽性、开放性、互动性、随意性等特点，使其成为隐性教育的重要载体。大学生通过这些信息载体能够快速便捷地了解各种科学知识，并在这种新型的"交互空间"中提升综合素养，建立广泛的人际关系，等等。大学生忠诚观培育可以充分利用这些信息载体，在各类信息平台上宣传忠诚知识，如在校园

思想政治教育网上开设忠诚教育版块，在微信平台上注册忠诚教育公众号，开通关于忠诚知识的微博，等等，让学生在浏览中不知不觉汲取忠诚知识。

3.以社会环境为依托，拓展忠诚教育范围

社会环境对人们思想品德的形成有着重要的影响。环境育人也是教育的重要方面。通过社会环境来开展大学生忠诚观培育的隐性教育，方法有很多，如在特定的地方悬挂国旗，在宣传栏张贴名人画像，摆放爱国志士的雕塑，定期组织学生参观博物馆、历史战役纪念馆，开展社区服务，等等。

隐性教育的方式众多，笔者仅仅选择了与大学生忠诚观培育相关的几种方式，试图为常规化的显性教育提供一些补充元素。同时，我们也要明确隐性教育功能的基本定位是辅助，在实践中要注意以下几点：一是隐性教育看似无意，其实渗透着教育者的教育意图、教育目标，只不过这些是附加在各种制度、环境和资源中对学生产生影响；二是在隐性教育中教育者要关注学生的情感、心理需求，以及环境究竟能够对他们产生怎样的影响；三是隐性教育应该与实践活动紧密相连，引导学生感知环境教育，鼓励他们进行积极的认知和自我观察、自我评价，从而建立正确的价值认同；四是注意网络及自媒体的不可控性，加强信息平台的舆情监督，构建健康文明的忠诚教育传播途径。总之，大学生忠诚观培育中的隐性教育是全员育人的过程，需要教育部门、学校、社会、家庭的共同重视和推动。

二、实践形态

大学生忠诚观培育研究，最终的落脚点必然要走向实践形态。大学生忠诚观培育的目标是帮助大学生建立与其年龄、理解水平、所处时代相称的忠诚观，使大学生对忠诚知识的认知水平和忠诚价值观的发展水平相平衡，从而实现道德社会化。实现这一目标必须借助于稳定的教育实践形态，以保证忠诚观培育的有效性。这种教育实践形态在价值原则和方法特

征上要体现忠诚观培育"综合择优"思路的精髓，并且必须渗入各类别教育的整体形态中。大学生忠诚观培育的实践形态可分为课堂教学、教育活动、学校管理三大类，本部分将结合案例，分别对忠诚观培育具体实践形态的内涵与功能展开分析，并对如何有效开展忠诚观培育提出建议。

（一）实践形态之一：课堂教学

"所谓教学，乃是教师教、学生学的统一活动；在这个活动中，学生掌握一定的知识和技能，同时，身心获得一定的发展，形成一定的思想品德。"①从本质上来说教学是一种交往互动的实践过程，是教育者在与受教育者互动过程中通过一定的方式方法传递知识，表现为教师的价值引导与学生自主建构的有机结合和辩证统一。通过教学来进行大学生忠诚观培育，最为重要的一点是完成了忠诚知识的传授。但是，个体对忠诚价值的认识却因为自身的原因而有所差异，就这一点来说，教学也存在相对的局限性——即难以实现知识接受与价值认同的同步发展。因此，教学不能是简单地传递知识，还要注重对学生情感、行为的影响，传递更为活化、深刻的知识体系，提升大学生的道德判断能力，提高大学生忠诚观的结构化和原则化水平。大学生忠诚观培育的教学活动要以完善大学生个体忠诚观的建立和发展为旨归，做到既能有效地传授知识，又能促进大学生智力发展。

下面主要从课程、教学方法两个方面对大学生忠诚观培育的课堂教学进行分析。

1.课程

课程是指学生所应学习的学科总和及其进程与安排，它既包含所要传授的内容，也包含传授内容的方式。在前文中我们探讨过与大学生忠诚观培育密切相关的课程主要是思想政治理论课程和人文社科类课程，它们无论是在内容的传授上还是在价值观的引导上都是大学生获得既定知识的重要途径。

---

① 王策三.教学论稿[M].北京:人民教育出版社,1985:88-89.

就目前高校思想政治理论课程所涉及的"毛泽东思想和中国特色社会主义理论体系概论""马克思主义基本原理概论""思想道德修养与法律基础""形势与政策""中国近现代史纲要"五门课程来说，忠诚知识还远没有达到其应然状态，这些课程使用的相关教科书中宣传最多的是对党和国家的忠诚，即爱国主义教育，而对忠诚作为一种伦理道德规范探讨得相对较少。因此，我们应该以原始内容为基础，选择与大学生道德认知发展水平相近的内容，选择与时代紧密相连的内容，不断丰富忠诚的教学内容。另外，科尔伯格认为，道德教育不应以"学科"的形式出现，而应融合到整个课程中去，因为任何学科除了能够提供"事实"外，还能够提供"价值"的论题。为达成实用的目的，应将道德两难困境的讨论，统整于历史、社会和英文课中。因此，我们还可以从伦理学、哲学、社会学的视角来重新审视忠诚，探讨忠诚作为一种社会美德其自身所潜在的两难问题以及社会各领域对忠诚的需求等问题。通过这种专门化的教学，既可以在思想政治理论课程中融入道德教育，也有助于大学生忠诚观培育。

除了思想政治理论课程，我们还可以通过高校中其他的人文社科类课程进行大学生忠诚观培育。例如文学、历史学、社会学等课程有着丰富的道德资源，利用这些课程进行大学生忠诚观培育，既不同于思想政治理论课程的单纯说教，又能在不经意中让学生感受道德教育，从而使道德教育更富有生动性和生活化。另外，从中华优秀传统文化的传承来看，忠诚必然会经常出现在这些课程中，它作为学科的支撑材料，大部分是以故事的形式出现，具有很强的感染力和影响力，学生乐于思考、感知与体悟。就这一点来说，人文社科类课程是对思想政治理论课程的补充，对于大学生忠诚观的形成和发展意义深远。

2.教学方法

（1）案例教学法。在高校思想政治理论课程中开展案例教学，实际上是根据高校思想政治理论课程的具体要求，改变讲授法惯用的灌输模式，把案例引入教学，引导学生运用所学的知识去分析问题，切实提高学生的独立思考能力和解决问题能力。案例教学以学生作为教学活动的中心，以讨论的方式让学生获得话语权，由传统的"一对多"向"多对多"模式转变，不仅符合大学生的心理特质，也给予他们各抒己见的机会，从而实现由知识到理论再到实践的良性循环。下面将呈现一个案例：

　　材料1："和服母女"与樱花。"不要穿和服在这里拍照！" 2009年3月，一对操武汉口音的母女在武大樱园穿和服赏樱拍照时，遭数十位年轻人轰赶声讨。此事迅速在网络上引发热议，相关帖子及跟帖达数千条，"和服母女"一下子成为网络热点词汇。

　　母女俩穿和服赏樱拍照是否为崇洋媚外？大学生的当场声讨是否就被认同？究竟是"樱花何罪，和服何辜"？还是爱国激情的自然流露？到底如何将爱国情感理性表达？这些都再次成为网友们认真思考的问题。①

　　爱国主义教育是大学生忠诚观培育过程中最重要的内容，也是个体从接受启蒙教育开始贯穿一生的教育。正因为其非常重要，反而容易被理解为形式主义、空喊口号。因此，如何激活爱国主义教育的知识体系就显得尤为迫切了，而案例教学就是很好的途径。在材料1中，我们可以给学生提出三个问题：如何看待"愤青"现象以及他们同真正的爱国主义者的区别在哪里？如何科学把握当代爱国主义的科学内涵和时代主题？面对全球化的浪潮，在爱国主义教育中如何正确处理历史与现实、激情与理性、民族主义与开放心态的关系？通过这几个问题来引导学生思考，让学生学会辩证地看待爱国主义，知道爱国主义需要激情，更需要理性。同时，在教学中还可以借鉴其他国家的经验，将公民教育充实到爱国主义教育中，让学生了解公民所享有的权利、责任，政府的职能及其对人民的责任，个人与国家的关系，民族精神与国家成就，等等。这样有助于树立大学生的自豪感和归属感，从而激发相应的责任意识，使爱国与爱家、爱人民、爱社会主义制度紧密结合起来。另外，在思想政治教育中，对大学生进行爱国主义教育还要做到以下几点：一是坚持教育的开放性，以一种开放的意识

---

① 杨威."思想政治教育热点"教学案例[M].武汉:武汉大学出版社,2009:37-38.

和精神来推进爱国主义教育，把发扬中华民族优良传统同积极学习世界上一切优秀文明成果结合起来；二是坚持教育的理性化，要将情感与理性反思结合起来，即把对祖国的满腔热情与对现实的深刻而理性的思考结合起来，用实际行动促进祖国的繁荣与富强；三是坚持教育的创新性，进行爱国主义教育必须要勇于开拓和创新，要在继承传统的基础上，赋予爱国主义新的时代内涵，还要充分发挥网络传播的优势，建设网上爱国主义教育阵地，切实增强爱国主义教育的实效性，使之更好地融入时代发展的节奏中，焕发出新的生机与活力。

由此可见，在大学生忠诚观培育过程中运用相关的案例，可以让课程变得更为生动，弥补了大学生自我体验不足的缺陷，有助于大学生获得有关忠诚的体验性知识和情景性知识，增强其对忠诚价值的内在认同。

（2）道德讨论教学法。道德讨论教学法类似于古希腊哲学家苏格拉底的对话式教学，它通过教师引导学生讨论道德两难问题，引起学生的道德认知冲突，激发学生进行积极的道德思考，从而提高学生的道德判断水平。道德讨论教学法包括两个重要的方面：一是引起学生的道德认知冲突和不确定性，二是向学生提供高于其原有发展水平一个阶段的道德推理方式。道德讨论教学法就是通过创造一定的条件促使学生沿着道德判断发展的阶段顺序向上发展，其基本条件就是引发道德认知冲突，而这种冲突的产生实际上就是把个体的道德认知推向一种改组和重构的临界点，从而使个体道德判断水平发展到更高阶段。

就大学生忠诚观培育来说，道德讨论教学法的意义主要体现在两个方面：一是帮助大学生整合以往的忠诚观念。大学生在道德讨论中可以纠正不合理的认知，重新构建完整的知识体系，建立更好的忠诚认知结构。二是帮助大学生建立个体内在的忠诚价值。随着大学生道德思维能力不断地发展完善，个体的忠诚观也在不断发展，这种内源性的发展动力是最为强劲有效的，对大学生忠诚观的形成具有重要的推动作用。教师要能够恰到好处地控制好讨论现场，要引导大学生思考和解释为什么忠诚、怎样才是忠诚、什么时候该忠诚等关于忠诚的本质问题。下面将选择一个案例来探讨道德讨论教学法的实施过程：

第一步：通过测验进行分组。

根据科尔伯格道德判断测量方法①，测评学生的道德判断发展阶段，在此基础上对学生进行分组，分组原则为：①每组学生分属2个或3个连续的优势阶段，例如把优势阶段3和4或优势阶段3、4、5的学生分在一组；②组内每个阶段的学生数量要大致相等；③每组学生人数以8～12人为宜。这样分组意在使组内成员有比较充分的交流机会，有利于通过较高阶段的学生与较低阶段的学生的相互作用，促进较低阶段的学生向较高阶段发展。

第二步：选择和准备忠诚两难故事（见材料2）。

材料2：法国小说家、哲学家阿尔贝·加缪出生在阿尔及利亚。曾有人逼迫他歌颂一群参加反对法国殖民统治活动的阿尔及利亚人，而这群人将在一家咖啡馆引爆炸弹。加缪拒绝了，并告发了此次行动，因为他认为这是一种盲目的恐怖主义，"在将来的某一天很可能会袭击我的母亲或我的家庭"。请问，他究竟是忠诚于自己的祖国还是忠诚于自己的家庭呢？

第三步：讨论后形成正确的讨论结果。

在引导学生讨论前，必须让学生有正确的心理准备，对讨论有正确的期待和理解。主要做法有以下几点：①依据学生的理解能力向学生解释讨论所依据的原理和目的，把学生吸引到即将进行的讨论中去；②解释学生在小组和小组讨论中的作用，说明将要提出的由小组成员讨论的忠诚两难故事，并告知学生没有对或错的答案，只要说出自己认为最公正和最好的解决方式即可；③告知学生教师只是在必要的时候促进讨论和让大家集中讨论；④解释讨论小组的行为和参与规则，即相互尊重，小组成员具有自由的道德信念，可自由决定是否参与讨论。

第四步：引导学生进行讨论。

---

① 科尔伯格道德判断测量方法详见南京师范大学郭本禹教授的专著《道德认知发展与道德教育——科尔伯格的理论与实践》(福建教育出版社1999年版)。

在讨论开始阶段，教师要让学生熟悉故事内容，鼓励学生对故事提出问题，要特别突出其中的道德冲突问题，引导学生说出自己选择和判断的依据。在讨论深入阶段，按阶段顺序引导阶段相邻的学生就他们的观点进行讨论，使较低阶段的学生体验到比自己高一个阶段的道德认知冲突，发现自己观点中的不合理之处，从而促进其道德判断向更高阶段发展。以材料2中阿尔贝·加缪的故事为例，我们来进行分析（见表4-1）：

表4-1　道德判断发展阶段的具体事例讨论

水平	阶段	道德推理的方法	应该拒绝的理由	不应该拒绝的理由
习俗水平	3	以人际和谐为准则	破坏人际和谐	维护祖国的利益
	4	以法律秩序为准则	违反国家法律	维护祖国的利益
后习俗水平	5	以法定的社会契约为准则	破坏国家安全	维护祖国的利益
	6	以普通的伦理原则为准则	违背人权自由	维护祖国的利益

第五步：讨论的中止或扩展。

当小组成员按阶段依次讨论了一个忠诚两难故事的所有论点，产生了道德认知冲突体验之后，这次讨论活动就可以在那时宣布中止，或转入另一个两难故事的讨论中。

目前我们许多课堂上所实施的道德讨论仍停留于传统课堂教学模式，并没有实现真正意义上的科尔伯格式讨论。

(二)实践形态之二：教育活动

教育活动有广义和狭义之分，广义的教育活动泛指影响人身心发展的各类教育活动；狭义的教育活动专指学校教育活动，包括课堂教学活动、课外活动和实践活动。此处探讨的教育活动为学校教育活动中除课堂教学活动以外的活动，分为个别教育和集体教育两种形式。个别教育是指教师针对个体出现的问题而采取的随机性教育活动；集体教育则是有计划有组织地开展集中教育，如大学生开展的各类活动或者高校辅导员开展的主题班会活动等。这类教育活动不以传授知识为目的，而是在体验活动中培养学生的道德认知与道德情感，既是对课堂教学活动的有效补充，也是大学生忠诚观培育的重要途径之一。

通过教育活动来进行大学生忠诚观培育，主要是以大学生的感知、评价、体验为媒介，将抽象的忠诚知识具体到实践活动中，在活动交往中为大学生营造良好的心理氛围，并将之与大学生个性化的忠诚认知相结合，促进大学生对忠诚的理解，不断完善大学生的忠诚知识结构。同时，大学生在实践活动中可以不断强化或修正自己的行为，提高对忠诚的认知水平，逐步巩固忠诚观念。与课堂教学活动相比，这类教育活动更符合生活化要求，更容易与学生的个人经验建立联系，有利于个人忠诚价值由外而内地转化。

1.个别教育

个别教育是指教师根据个体出现的问题而开展的一对一式教育。这种教育具有随机化、个体化、具体化的特点。在高校中，大学生可能会遇到交友、恋爱等与忠诚相关联的问题，如果出现了矛盾冲突却没有得到有效解决可能会影响其世界观、人生观和价值观的形成。因此，在忠诚观培育实践中，教师要及时针对学生在忠诚方面的实际表现给予表扬或批评，以帮助他们建立正确的忠诚认知，获得积极的忠诚价值理解。当然，这种随机性教育的有效性与教师的个人魅力、师生关系的平等融洽密切相关。另外，我们要注意的是，个别教育由于存在影响范围小、教育形式单一（可能仅仅是为数不多的几次谈心谈话）等不足，难以对大学生群体产生深刻的影响。

2.集体教育

相对于个别教育来说，集体教育有着明确的教育主题和教育目标，形式一般包括主题班会、主体性教育活动以及社会实践。这种教育的特点是操作性强、体验丰富、教育效果明显。下面将举例介绍主题班会和主体性教育活动。

（1）主题班会。主题班会往往是辅导员或班主任围绕某一主题对全班进行集体教育和管理的教育活动。这种教育活动不同于平时的授课，它可以穿插一定情节的故事、小品用以丰富主题班会的寓意，是一种主题鲜明的思想政治教育活动。下面是一个关于高校忠诚教育的主题班会。

忠诚奉献，让人生更美好

【班级】××

【地点】××

【班会目的】本次主题班会通过一系列的活动，力争实现三个转变：一是让忠诚教育更"接地气"，二是让忠诚教育更为清晰，三是让忠诚教育更为具体。通过此次主题班会，可以让学生进一步了解忠诚是一种品质、一种操守、一种责任、一种感恩、一种奉献。选择忠诚实际上是对自己利益的最大保护，大学生应该让忠诚成为自己的常态思维，成为自己优秀品质的重要组成部分，必须要牢记忠诚于党和国家、事业、朋友等。

【班会形式】说理、情境表演、观看视频和游戏等。

【班会过程】

第一，导入。

老师：各位同学，今天我们召开的主题班会为"忠诚奉献，让人生更美好"。大家对"忠诚"一词非常熟悉，从进入学校接受教育开始我们就被告知要爱祖国、爱人民，要忠诚于自己的事业、朋友等等，但是在现实生活中，很多人却对忠诚充满质疑，有的人甚至不清楚在当今时代忠诚的意义、价值何在，究竟怎样的行为才是忠诚的理性表达。在回答这些问题前，我们先看几段关于忠诚问题的情境表演。

三段情境表演：一是关于爱国情感的宣泄；二是关于对自己职业的忠诚；三是忠诚两难问题的展示。

第二，活动过程。

老师：看了刚才三段情境表演，我想给大家提出三个问题：

什么是忠诚？忠诚应该怎样表达出来？当你面临忠诚两难问题时，你该如何做出选择？每个人可以自行选择其中的问题来回答。

学生选择问题各抒己见。

老师：刚才大家从不同的角度以自己独特的见解谈了什么是忠诚，都说得很好，谢谢大家的参与。其实，从通俗意义上来说，忠诚就是对工作的高度负责和对集体的感恩奉献。下面我们来观看一段关于忠诚的小品，也许会让你对忠诚有更多的理解和感悟。

（借助多媒体放映小品——《忠诚》，全体师生观赏。）

老师：刚才的小品有很多感人的地方，在感动中大家是不是对忠诚有了新的感悟？请同学们再谈谈对忠诚的理解。

学生根据自己的理解回答问题。

老师：根据同学们的回答，我们得出了关于忠诚的关键词——竭尽全力与奉献。奉献意味着尽自己所能去行事。网络上关于忠诚、奉献的真实事例不胜枚举，比如比尔·盖茨将自己的580亿资产全部捐给了慈善基金会，没有留一分给自己的子女，这种正面回馈社会的方式让世人震惊。但这并不是要求我们都要和他一样做出如此巨大的贡献，我们要做的就是尽职尽责做好自己应做之事。那么回归我们的生活，如何让自己做到忠诚？

学生根据自己的理解回答问题。

老师：同学们说的都有道理。作为一名新时代的大学生，在学校中要有良好的品行、高尚的道德情操，做到这些就是忠诚于学校、奉献于学校；在思想上要更为理性，认识到忠诚所潜在的"愚昧性"，辩证地看待忠诚，做到爱国有礼有节，不能肆意妄为。同学们如何理解有理性的忠诚呢？

学生根据自己的理解回答问题。

老师：刚才我们共同探讨了什么是忠诚以及如何正确地表达忠诚等问题。下面我们来探讨一下忠诚两难问题。有人说，人要忠诚，往往要付出代价，这对别人有利，对自己没有好处。如何看待这个说法？请大家先看下面这张图：

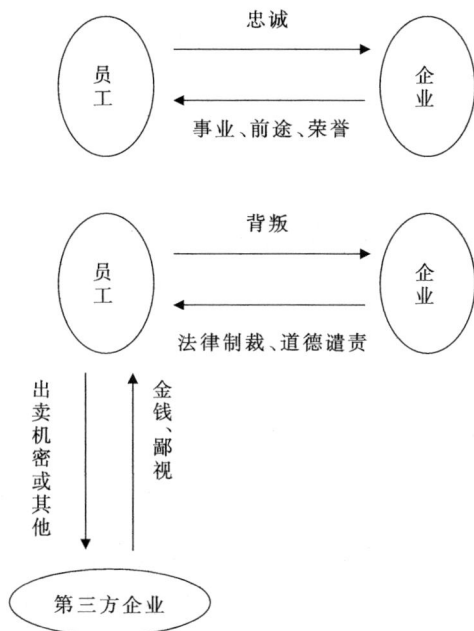

忠诚的回报与背叛的"回报"对比

从图中我们可以看到，忠诚虽然不像背叛那样可以快速"致富"，但从长远来看，却可以收获事业、前途和荣誉。而背叛虽然可以从第三方那里获得一定的利益，但会受到法律制裁、道德谴责以及自身良心上的不安。所以，忠诚奉献不能纯粹地理解为对自己利益的牺牲。从某个角度来看，忠诚奉献是一种新陈代谢，有了新陈代谢我们才有活力，才有生命力，忠诚奉献其实是对自己利益的最大保护。另外，在遇到忠诚两难问题时，大家做出的选择务必要符合人类道德规范，切不可追逐个人私利而放弃人类社会大的利益。

第三，活动总结。

老师：通过此次主题班会，我们进一步了解了忠诚是一种品质、一种操守、一种责任、一种感恩、一种奉献，忠诚需要付出，选择忠诚实际上是对自己利益的最大保护。大家应该让忠诚成为自己的常态思维，成为自己优秀品质的重要组成部分，必须要牢记忠诚于党和国家、事业、朋友等，并付诸实践。

第四，活动延伸：推荐忠诚类书籍——《忠诚胜于能力》。

这个主题班会程序复杂、形式多样、内涵丰富，通过生动的案例来启迪大学生思考忠诚的问题。虽然短时间内班会对大学生忠诚观产生的实质性影响无法测出，但是这种教育方式是值得肯定的。笔者对此次主题班会做了简要的评价。

优点：一是形式较传统班会更具有吸引力；二是呈现的问题更贴近大学生生活；三是摆脱单纯的理论说教，注入更多的情感教育，将忠诚价值"无意识化"地渗入个体成员的信念结构中；四是循序渐进地促进大学生对忠诚问题的认知，让大学生能够进行自我思考与自我教育。

缺点：一是问题的设置可能限制了大学生的认知思维，学生无法感受到忠诚所蕴含的复杂性与条件性。对于忠诚两难问题也只是一种正向的、模式化的探讨，缺乏一种忠诚价值内源性的生成力量，这让学生在忠诚的辨识、理解、价值内化上很难有明显的提升。二是主题班会控制者是教师，教师提供的是共识性的价值导向，这种场域可能会让学生产生一种必须按老师的思维来理解忠诚的心理暗示，从而隐藏或忽略了自己与场域相悖的信息。这也就限制了本源性的冲突力量，这种暂时隐退的冲突终将会在以后的某个时刻爆发，从而让学生产生迷茫困惑。

总体来说，以主题班会的形式开展忠诚观培育活动，易于学生接受，利大于弊，但仍然要注意以下两点：一是更为全面地呈现问题，尤其是对立点必须要重点强调；二是鼓励学生说出有悖于常理的观点，有针对性地解决大学生群体中现存的疑惑，甚至可以用辩论的形式将矛盾激化，最终寻求一种价值观上的统一认知。

（2）主体性教育活动。创办"中华优秀传统文化之忠诚教育"宣讲团。宣讲团成员由大学生组成，他们在接受统一的培训后，开始向各类高校大学生进行宣讲。宣讲内容主要包括中华优秀传统忠诚文化、当代忠诚文化的价值追寻和当代忠诚先进人物事迹。宣讲团在不断满足大学生日益增长的精神文化需求的同时，也为传递榜样力量、倡导文明风尚、弘扬社会正能量、服务社会主义文化建设做出贡献。图4-1所示为宣讲团创建活动开展流程。

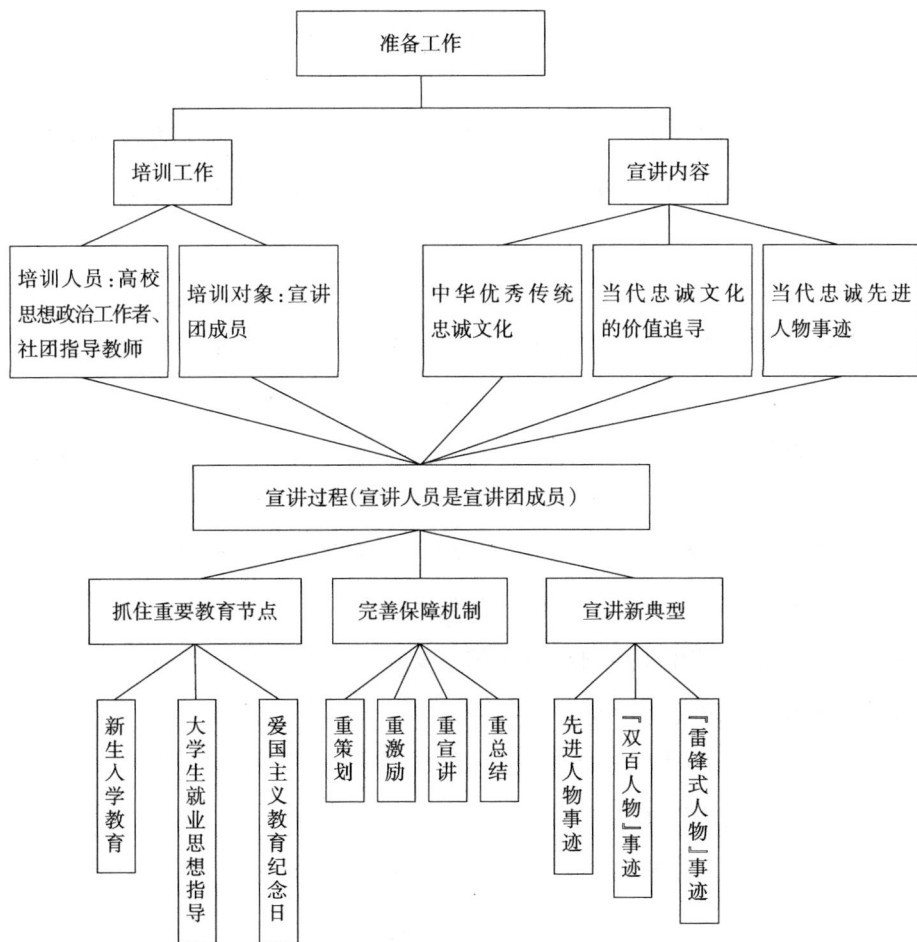

图4-1 宣讲团创建活动开展流程

第一，坚持主阵地，以完善的机制吸引人。

宣讲团紧抓党的十九大、全国两会、群众路线教育实践活动等重要契机，抓住学校重要的教育节点，如新生入学教育、大学生就业思想指导、爱国主义教育纪念日等开展宣讲活动。

宣讲团完善的保障机制主要体现在四个方面：一是重策划，为确保活动质量，每次开展宣讲活动之前，宣讲团都会成立宣讲筹备小组，精心策划。开展宣讲活动前还举行大型比赛，严格选拔宣讲团成员，并对宣讲团成员进行为期一个月的宣讲培训。二是重激励，将宣讲团打造成学校的特色品牌，并将宣传团的活动列为学校大学生素质拓展学分认证活动，使其成为大学生人才培养第二课堂的重要组成部分。三是重宣传，宣讲团要充分报道和展示理论宣讲的各项活动及成果，营造浓厚的宣传氛围。四是重总结，宣讲团要实现薪火相传，每次宣讲活动结束后，都要召开宣讲经验汇报会，部分场次的宣讲活动还可录制成光碟，宣讲稿汇编成册，及时做好资料的积累与成果的固化。

第二，宣讲新典型，以高尚的精神塑造人。

先锋人物事迹宣讲。宣讲团以"学习典型、宣传典型、争做典型"为目标，充分挖掘与忠诚教育相关的基层优秀党员、优秀产业工人、优秀青年教育工作者以及优秀大学生等先进人物事迹，根据宣讲对象的不同特点有针对性地开展宣讲活动。

"双百人物"事迹宣讲。"双百人物"事迹宣讲活动是对大学生进行爱国主义教育的重要途径，宣讲团成员组织各年级大学生一起走进企事业单位，深入街道社区开展唱响红色旋律、宣讲"双百人物"事迹、缅怀革命先烈、踏访红色遗迹等活动。

"雷锋式人物"事迹宣讲。宣讲团以"雷锋式人物"事迹宣讲为核心，开展传诵奉献理念，宣讲雷锋精神，再现英雄形象，放映雷锋视频，演绎雷锋故事，传唱雷锋歌曲等活动。

第三，对"中华优秀传统文化之忠诚教育"宣讲团的评价。

优点：宣讲团主要采用学生喜闻乐见的故事形式，以贴近实际、贴近生活、贴近基层的内容为载体，在宣讲中让学生接受思想上的洗礼，以实际行动积极培育和践行忠诚观。同时，宣讲团还能够促进学生进行自我教育。

缺点：一是理论知识的传授程度较浅，很难对学生进行相关知识的深度研究；二是事迹宣讲基本上采取故事讲解宣传法，容易误入形式主义，对学生产生的影响时效性短、共鸣性弱、内化度浅。

总之，在大学生忠诚观培育过程中，宣讲团因其形式多样、讲法新颖、互动性强等特点不失为一条较好的培育途径，但其开展过程中存在的问题也需要我们进一步研究解决。

（三）实践形态之三：学校管理

本书将学校管理作为一种教育实践形态来加以运用，主要是因为其自身所蕴含的教育性特征。学校管理是教育管理的重要组成部分，是在合理分配学校资源的基础上，让学校各环节按照既定目标有序运行的管理活动。按不同表现形式，学校管理可分为显性管理和隐性管理。显性管理是以明显的形式做出决策以及产生相应的管理行为，直接对象为人、财、物、时间和信息等；而隐性管理是以隐性的形式作用于管理者和其他人群，它的直接对象主要包括观念、情感、信念、价值体系等。而忠诚观培育恰好是一种观念的塑造、信念的养成和价值的重构，这与隐性管理形式是非常契合的，这是我们将隐性管理作为大学生忠诚观培育实践形态的重要依据。

隐性管理的基本内容就是学校隐性文化的建设。学校隐性文化构成要素包括学校主隐文化、学校价值判断、人际环境、管理育人、建筑文化、校园景观及校旗、校徽、校歌、校训等方面。笔者认为，在大学生忠诚观培育中发挥重要作用的学校隐性文化构成要素主要是学校主隐文化、学校价值判断、人际环境和管理育人四个方面。

学校主隐文化是指有一定影响力的观念，是学校全体成员共识性的精神追求和价值期盼，这种集体价值的建立有利于推动大学生道德社会化发展。学校价值判断是学校观念体系最重要的组成部分，学校所认可的最有价值的、最值得追求的、最值得崇尚的要素恰恰是学生品位的折射。如果学校坚持真理至上、民族至上，那么学校目标管理的水平会更高，学校的民主管理也会更容易实现。人际环境是指在一定范围内人与人之间所构成的场域。在高校中，教师与学生、教师与教师、学生与学生、管理人员与师生之间的关系都是构成人际环境的因素。人际环境越融洽、越民主，人与人之间的信任度就会提升，合作关系就会更为密切，人际环境也会更加和谐、平等、友爱。管理育人就是通过一系列的规章制度对大学生产生约束的同时，能发挥教育和感化作用，对大学生的思想产生深刻的影响。

通过以上论证，笔者认为实践形态的学校管理对忠诚观培育的作用主要体现在以下两个方面：

一是显性管理通过制定制度和规则去倡导忠诚，更多地表现出一种教育控制，大学生对忠诚知识和价值的感知并不是来自自身的体验，这就导致忠诚观培育的有效性难以显示。二是隐性管理可以创设以忠诚为核心的道德场域，如学校主隐文化对大学生忠诚观培育的影响主要体现在形成认可忠诚的精神合力，获得集体忠诚价值规范中正义原则的推动力。同时，学校价值判断应该将忠诚价值列入其中，引导学生去崇尚忠诚、追求忠诚。另外，在良好的道德氛围下，忠诚是人与人之间平等、互信交往的润滑剂，他们在充分感受、辨别、体验忠诚魅力的同时，会加入理性的思考，逐渐将忠诚知识内化于心、外化于行，这也是体谅模式所倡导和期待的结果。因此，这种道德场域一旦建立，既能帮助大学生由道德判断转化为道德行为，也能让大学生建立自我认同的内化的忠诚观。

如何将学校管理中的隐性管理模式转化成一种可操作的方式，从而在大学生忠诚观培育中发挥重要作用呢？很显然，我们应该选择那些对大学生道德观念和道德行为产生直接影响的管理活动，并通过这些活动构建一种隐性育人的道德氛围，对大学生产生心理上的道德约束，从而提升大学生群体的忠诚认知。

笔者尝试设计了"提升大学生忠诚度与学校管理机制体系建设"流程（见图4-2）。该体系由三大部分组成，分别为目标模块、机制分析模块、机制运行与反馈模块。目标模块包括个人目标、系统目标和组织目标，其中系统目标是整个管理机制的核心内容，个人目标的实现推动系统目标的达成，系统目标的达成促进组织目标的实现。机制分析模块包括环境分析、大学生需要分析和学校资源分析，其中环境分析主要是针对学校已有的主隐文化环境、大学生群体或个体人际环境进行分析，大学生需要分析主要是分析不同年级学生对忠诚的理解认知以及对忠诚内容的不同需要，学校资源分析是对学校现有的管理制度（如激励和约束资源要素）进行分析。这三项内容有助于学校管理工作者及时掌握环境、学生需要、资源的变化，从而及时地调整和改进学校的隐性管理，让其不断发展完善。机制运行与反馈模块是一个动态发展的体系，必须要在运行过程中对机制进行评估和检验，从而进一步修正和完善管理机制。

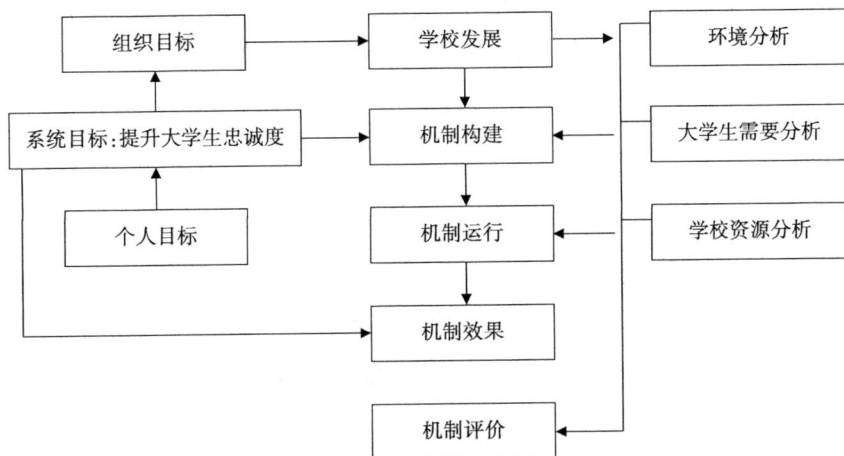

图4-2　提升大学生忠诚度与学校管理机制体系建设流程

笔者尝试根据"提升大学生忠诚度与学校管理机制体系建设"流程来构建学校管理层面上的大学生忠诚观培育机制。

1.大学生忠诚观培育的长效文化机制——学校主隐文化

主隐文化是指在特定环境中客观存在的，常常通过潜移默化的方式对客体发展产生全面影响的各种文化因素。学校主隐文化是全体学校成员共享的价值观和行为准则，反映了学校的办学宗旨和发展目标。学校主隐文化必须是积极向上的，要有正义性、公平性。具体来说主要表现为高尚的爱国主义情感、无私忘我的奉献精神、勇于放弃个人利益的集体主义荣誉感等等，这些都会对大学生产生重要的影响。学校管理者可以运用各种组织文化建设的方式方法去巩固或培育这些情感文化。个体的忠诚行为一旦受到外界的肯定与奖励则会不断地被强化，最终形成一种文化。大学生忠诚观培育是一个从思想共鸣到行为互动的激励过程，学校主隐文化为构建大学生忠诚观提供了生成环境。当爱国主义情感、奉献精神、集体主义荣誉感等学校主隐文化内化为大学生自身的价值观时，大学生就会自然而然地形成对党和国家忠贞不渝、无私奉献等道德品质，从而使自身的忠诚观不断得到完善。

2.大学生忠诚观培育的长效人文机制——民主公正

学校管理制度是一种显性的管理方式，各级各部门能否正确执行关键是要看在贯彻过程中能否做到民主、以人为本、公平正义。在学校管理中，一是要求学校各级各类领导干部真正践行"对党忠诚、个人干净、敢于担当"的要求，既要职责分明，又要团结协作。依法治校，以德治教，用真诚管校，用真诚兴教，实现阳光作业，执行校务公开，努力创设科学、民主、和谐的管理氛围。二是将师生的智慧纳入学校管理中，切实处理好师生关注的焦点、热点问题，给予师生充分成长发展的空间，让他们从内心深处做到以校为"家"，视学校发展为己任，积极参与学校管理与服务，实现学生、教师、学校的良性互动，从而创造和谐的学习、工作和生活环境。三是真正做到"以人为本"。高校中各级各类评选活动一定程度上来说与大学生的利益密切相关，因此在开展此项工作时，必须要充分发扬民主精神，广泛征求学生意见，从而形成一套符合学生需求、宽严有度、赏罚分明、有利于学生成才的科学管理体制。学生在民主公正的道德氛围中能够从内心深处认同学校文化，遵守各项规章制度，关注学校的发展，爱校忠校。另外，班级制度体系的严谨完善，有利于大学生为班级做贡献，大学生为了班级整体有序和谐的发展会尽职尽责，而这种美德的形成有利于大学生步入社会后形成敬业奉献的精神品质，也为大学生忠诚心理的形成奠定了基础。

3.大学生忠诚观培育的长期维护机制——人际沟通

价值观教育体谅模式告诉我们价值观教育应从情感入手，注重理解他人、体谅他人，同时也让自己感到快乐、幸福、满足。人类的道德情感中之所以会有忠诚，关键是人与人之间的彼此信任。这种信任能够激发出双方的原始善念，增进理解，让人们在下一步行动中最大限度地做到无私尽责，这一过程也是个体忠诚观不断得以丰富、完善的过程。从学校管理层面来说，一要进一步完善大学生心理健康教育课程体系。目前，很多高校的大学生心理健康教育课程是由高校学生工作处心理健康咨询中心统一开设和管理的，属于公共必修课。大学生心理健康教育课程由于贴近学生生活、关注学生成长，深受大学生的喜爱。其中，"人际交往"是这门课程的重要内容之一。心理健康的大学生能用尊重、信任、友爱、宽容和理解的态度与人相处，既有稳定而广泛的人际关系，又有知心朋友，能与他人合作，在集体中无孤独感，有较强的适应能力和较充足的安全感。但由于这门课程存在课时短、内容浅等特点，且基本上只针对大一新生，所以影响力不大。因此，学校相关部门应该适时征集学生意见，加强对该课程的督导工作，增加课程内容的含金量，增设各类心理成长游戏环节，培育大学生积极进取的人生观，做到思、言、行协调一致，并以此为中心教育大学生把自己的需要、愿望、目标和行为统一起来，不为眼前利益而放弃远大目标，不为私欲而背弃良心，进一步完善大学生人格结构。二要推进忠诚教育的常态化机制。习近平总书记要求党员干部要"对党忠诚、个人干净、敢于担当"，将"忠诚"作为衡量党员干部政治品格的重要指标。这一要求也提醒了学校管理者要深入挖掘忠诚的内涵，更为广泛地宣传忠诚，让忠诚教育面向全体师生。另外，还可以将忠诚列入校训中，让全体师生深刻体察其所蕴含的博大精深的内涵，在口口相传中将忠诚观念内化于心，并作为个体一生所奉行的道德准则。

以上几种实践形态只是一种理论上的尝试探讨，其在现实运行中的有效性仍有待进一步论证。

（四）构建忠诚的教育生活

在对大学生忠诚观培育的三种实践形态进行具体分析后，让我们再次回归到完整的学校教育生活本身，重新审视大学生忠诚观培育的实践策略。笔者认为，构建忠诚的教育生活，是忠诚观培育实践形态的应然取向，也是现代思想政治教育发展向人本的回归和向生活世界的回归。

所谓忠诚的教育生活，是指学校无论是在管理上还是在教学上都要体现出忠诚特色，并使忠诚成为全体师生高度认同、乐于践行的核心价值。忠诚的教育生活不仅要立足于经验性的现实生活世界，还要关注超验性的理想生活世界。其价值目标不是简单的回归生活世界，而是在回归的基础上提升学生的思想道德水平。忠诚的教育生活既是对学校全体师生生活方式的期待与要求，也是对学校管理制度与教育生活道德特点的判断，它萌生于学校管理者正确的价值导向、教师的道德榜样示范以及师生相处的伦理智慧中，它在学生生活中积淀升华，通过学生的道德认知与践行蜕变成为完美的、活生生的、常态化的鲜活形态。就可操作性来看，忠诚的教育生活可以通过以下两个途径来实现：

1.体验式教育对实现忠诚的教育生活的启示

体验式教育指的是教育者综合运用各种教育要素或教育资源，形成良好的教育背景与氛围，从而引导和激发学生采用联想、感受、体会、领悟、欣赏、品味等体验性方式去获得对客观世界的深刻认识和自身素质的内在发展与完善[①]。体验式教育尊重个体生命的生成性、独特性、整体性、自主性，注重知情融合以及学习的开放性，它既是一种教学观、教育价值观，也是一种教学策略，是将知识书本化变成人本化的重要教育形式。体验不是以单纯语言文字符号逻辑转换为主的逻辑思维活动，而是以图景转换为主的图景思维活动。这种思维活动不是知识累加性的，而是在受教育者大脑中发生的其生活阅历、生活场景和未来希冀蓝图的关系与结构的自组织转换活动[②]。体验式教育能够促进教育者将道德规范、品德信息内化为学生思想品德的一部分，同时又将学生的思想品德外化为具体的道德行为，有助于学生进行自我教育，建立和谐的师生关系。体验式教育对忠诚的教育生活的启示表现为三个方面：

①刘尔思.大学生体验式学习[M].昆明:云南大学出版社,2011:249.
②刘惊铎.道德体验论[D].南京:南京师范大学,2002.

一是忠诚观培育必须植根于大学生的精神世界。忠诚观培育说到底是一种道德品质的培养、思维方式的训练，无论是传授知识还是具体的实践，都必须植根于大学生的精神世界，深入大学生的心灵深处，要与大学生的心灵相融相通，从而推动大学生精神与思想世界的完善、发展与升华。

二是忠诚观培育要走生活化的道路，关注学生的生活体验。体验过程比一般教育过程更为强烈、深刻与鲜活。陶行知说过，没有生活作为中心的教育是死教育，没有生活作为中心的学校是死学校，没有生活作为中心的书本是死书本。当代很多大学生走的基本上是从学校到学校的生活路径，阅历少，生活经验缺乏，因此，思想政治教育如果要入脑入心，就必须走入生活，为大学生提供各类具体、形象、典型的生活案例，引导大学生从生活实际出发，找寻个体本身所具有的灵性，找回教科书中知识本身所失落的意义与价值。

三是忠诚观培育要创设情感体验场。情感体验场可以分为显性教学情感体验场和隐性校园文化情感体验场。创设显性教学情感体验场，即在教学中设置一定的教学情境，让学生置身事内，让他们的情感体验更为丰富，从而实现以情促知、以知促意、以意促行。创设隐性校园文化情感体验场，就是利用校园文化特有的精神环境、情感底蕴和文化氛围，使学生在某种观念、行为方式、价值取向等方面与既定的文化产生认同，从而塑造学生的精神、心灵、性格，提升学生的思想道德水平。

2.生命叙事对实现忠诚的教育生活的启示

生命叙事是指叙事主体表达自己的生命故事。生命故事是指叙事主体在生命成长中所形成的对生活和生命的感受、经验、体验和追求，它包括叙事主体自己的生命经历、生活经验、生命体验和生命追求，以及自己对他人的生命经历、生命经验、生命体验与生命追求的感悟等[①]。生命叙事是一种道德对话，个体道德观念的形成来自对外界事物的思考以及与外界思想的沟通，教育者在进行生命叙事时传递出既定的伦理期望，受教育者

---

① 刘慧,朱小蔓.生命叙事与道德教育资源的开发[J].上海教育科研,2003(8):12-17.

在接受这种期望时也表达出自己的伦理认知，于是在两种思想中寻找自身德性的发展脉络，逐渐建立起自身的道德律，找到自我德性的发展路径。同时，生命叙事教育过程也是学生道德认知结构不断建构的过程，是一种生命之间的互动，学生主动投入故事情境中，在信息交换时，学生的生命经历得以丰富，而且获得了反思、深化与扩大。生命叙事对忠诚的教育生活的启示表现为三个方面：

一是忠诚观培育要注重生命叙事的情境设计。在情境设计中，要有明确的教学目标、内容，关注学生的特点，要让学生能够与教育者产生互动。设计的情境可以包括忠诚两难问题以及现实中存在的困惑或争议，让学生能够主动进入情境并能做到有话可说。

二是忠诚观培育要注重生命叙事故事的选择。忠诚文化博大精深，从古至今有无数令人感动的故事，但是在选择时要注意去粗取精，可以选择在社会中具有较强感染力的真实故事，或者与大学生成长密切相关的故事，这些故事能激发学生的研讨兴趣，引导学生形成正确的忠诚价值观。

三是忠诚观培育要注重生命叙事的表达方式。生命叙事的表达方式具有多样性，不仅可以说，还可以通过撰写文字、表演动作等方式来传递信息。教师要根据大学生的特点，采用多样化的表达方式，使故事的精彩之处得以呈现，诱发学生的表达欲，激活忠诚观培育的生命活力。

在大学生忠诚观培育的实践中，仍然存在着知识与价值相背离的困境，知行脱节，忠诚观很大程度上仅仅是观念的存在、知识的堆积，无法给予大学生有效的实践指导。而忠诚的教育生活是大学生忠诚观培育较为"接地气"的途径，因此，构建忠诚的教育生活，形成高校忠诚的道德氛围，不失为当代大学生忠诚观培育的重要出路。

结　语

　　本书从忠诚观的历史沿革入手，对"忠诚""忠诚观"等概念进行解析，对忠诚观的类型、忠诚对象的特质、忠诚行为的评价标准及评价指标进行了尝试性探究，为忠诚观培育提供明确的量化指标，让较为抽象的忠诚理论具有可操作性。据调查结果显示，大学生忠诚观培育仍然存在着一些问题，而培育过程本身存在的不足则是引发问题的重要原因。因此，本书选取了四种理论作为理论支撑，并在此基础上提出相应的实践形态，设计出可行的操作方案，从而让忠诚观培育不再是空洞的说教，真正做到理论联系实际，让受教者知行合一。

　　目前，就"大学生忠诚观培育"这一问题展开研究的文献几乎没有，少数相关的课题研究也处于初级阶段，这表明此问题尚未引起学界的关注与重视，也就凸显出本书的研究价值。笔者期待本书能够起到抛砖引玉的作用，让忠诚的理念通过具体的实践形态得以实现，让更多的人承忠诚之精髓、有忠诚之观念、行忠诚之善举，为弘扬和践行社会主义核心价值观做出应有的贡献。

　　行文至此，本书仍有很多理论与实践的研究空间需要拓展，如有关概念的厘清与界定是否清楚明晰，忠诚行为的评价标准是否科学合理，培育过程的理论支撑是否全面，实践形态能否更为具体实用，等等。而这些也正是本书的不足之处，仍需要不断修改完善。

　　总之，大学生忠诚观培育需要学校、社会、家庭、个人各司其职、各尽其力，充分发挥各自独有的功能和优势，以形成大学生忠诚观培育的最优化教育合力，从而有效提升大学生忠诚观培育水平，获得大学生忠诚观培育的最佳实践效果，引导大学生形成理性忠诚观，并积极践行理性忠诚观。

主要参考文献

著作类：

[1]艾瑞克·费尔滕.忠诚[M].周芳芳,译.北京:中信出版社,2012.

[2]北京大学哲学系外国哲学史教研室.西方哲学原著选读:上卷[M].北京:商务印书馆,1981.

[3]北京大学哲学系外国哲学史教研室.西方哲学原著选读:下卷[M].北京:商务印书馆,1981.

[4]北京大学哲学系中国哲学教研室.中国哲学史[M].北京:北京大学出版社,2001.

[5]当代大学生思想道德教育研究课题组.当代大学生思想道德教育的理论与方法[M].北京:北京大学出版社,2007.

[6]费孝通.乡土中国[M].北京:人民出版社,2008.

[7]冯刚,等.辅导员队伍专业化建设理论与实务[M].北京:中国人民大学出版社,2010.

[8]冯建军.当代道德教育的人学论域[M].福州:福建教育出版社,2015.

[9]郭本禹.道德认知发展与道德教育:科尔伯格的理论与实践[M].福州:福建教育出版社,1999.

[10]郭淑新.敬畏伦理研究[M].合肥:安徽人民出版社,2007.

[11]郭淑新.中华国学义理经典导读[M].合肥:安徽人民出版社,2010.

［12］胡晓风，金成林，张行可，等.陶行知教育文集［M］.2版.成都：四川教育出版社，2007.

［13］卡尔·雅斯贝斯.生存哲学［M］.王玖兴，译.上海：上海译文出版社，2005.

［14］李建华.道德情感论：当代中国建设的一种视角［M］.北京：北京大学出版社，2011.

［15］卢付林.忠经·孝经［M］.武汉：崇文书局，2007.

［16］钱广荣.人生哲理［M］.合肥：安徽人民出版社，1987.

［17］王成.中国古代忠文化研究［M］.香港：香港天马出版有限公司，2004.

［18］吴潜涛，徐柏才，阎占定.高校思想政治教育的理论与实践［M］.北京：人民出版社，2012.

［19］习近平.习近平谈治国理政［M］.北京：外文出版社，2014.

［20］杨伯峻.论语译注［M］.北京：中华书局，2012.

［21］杨耕.马克思主义哲学研究［M］.北京：中国人民大学出版社，2000.

［22］余治平.忠恕而仁：儒家尽己推己、将心比心的态度、观念与实践［M］.上海：上海人民出版社，2012.

［23］约翰·杜威.民主主义与教育［M］.王承绪，译.北京：人民教育出版社，2001.

［24］约翰·洛克.教育漫话［M］.杨汉麟，译.北京：人民教育出版社，2006.

［25］张澍军.思想政治教育理论前沿论略［M］.北京：人民出版社，2015.

［26］张耀灿，等.思想政治教育学前沿［M］.北京：人民出版社，2006.

［27］张自慧.礼文化的价值与反思［M］.上海：学林出版社，2008.

［28］章志光.社会心理学［M］.北京：人民教育出版社，2002.

［29］郑杭生.社会学概论新修［M］.北京：中国人民大学出版社，2003.

［30］中共中央马克思恩格斯列宁斯大林著作编译局.马克思恩格斯选集［M］.北京：人民出版社，2013.

[31]中共中央宣传部.习近平总书记系列重要讲话读本[M].北京:学习出版社、人民出版社,2014.

报刊类:

[1]邴正.从经典进化观到自主发展论:发展研究、全球学与马克思主义社会发展观[J].哲学研究,1991(10):21-27,56.

[2]樊浩.《论语》伦理道德思想的精神哲学诠释[J].中国社会科学,2013(3):125-140.

[3]方爱东.社会主义核心价值观论纲[J].马克思主义研究,2010(12):127-135.

[4]冯建军.走向道德的生命教育[J].教育研究,2014(6):33-40.

[5]傅维利,王丹,刘磊,等.诚信观的构成及其对诚信教育的启示[J].教育研究,2010(1):44-49.

[6]郭淑新.德性与德行:传统儒家德性伦理思想勾玄[J].安徽师范大学学报(人文社会科学版),2005(5):518-522.

[7]郭淑新.对孔子仁学的重新解读[N].光明日报,2003-07-01.

[8]郭淑新.敬畏与智慧:《道德经》的启示[J].哲学研究,2010(4):58-62.

[9]韩华.人文关怀视野下的思想政治教育[J].山西师大学报(社会科学版),2008(6):41-44.

[10]胡德平."80后"辅导员开展思想政治教育工作的挑战与探索:基于对"90后"大学生思想发展需求的分析[J].思想理论教育,2010(7):79-84,69.

[11]焦国成.关于诚信的伦理学思考[J].中国人民大学学报,2002(5):2-7.

[12]李志强.五四运动以来中国道德教育理论西学东渐之研究:以杜威道德教育思想的传播为视角[J].伦理学研究,2009(3):8-11.

[13]廖小平.论诚信与制度[J].北京大学学报(哲学社会科学版),2006(6):129-137.

[14]刘同舫.康德道德观及其对现实道德教育困境的开解[J].教育研究,2014(4):77-84.

[15]鲁洁.道德教育的根本作为:引导生活的建构[J].教育研究,2010(6):3-8,29.

[16]庞跃辉.诚信观与社会认同意识[J].江海学刊,2003(3):31-35.

[17]戚万学.当前中国道德教育的文化困惑与文化选择[J].教育研究,2009(10):23-29.

[18]桑青松,朱平.道德学习的本质属性与实践目标取向[J].中国教育学刊,2009(3):48-50.

[19]石中英."狼来了"道德故事原型的价值逻辑及其重构[J].教育研究,2009(9):17-25.

[20]宋乃庆.社会主义核心价值观与中华优秀传统文化[N].光明日报,2014-10-07.

[21]孙建青,周向军.当代大学生核心价值观的科学构建[J].思想理论教育导刊,2014(3):100-104.

[22]田相林.社会化视域下的学生思想政治教育研究[J].中国教育学刊,2014(5):87-88,91.

[23]王东.诚信观培养:诚信教育的有效途径[J].教育科学,2008(1):82-52.

[24]王东.诚信应该如何教:诚信观培养方法论探究[J].教育科学,2012(3):15-19.

[25]王习胜."三师":高校辅导员执业资质构想[J].思想教育研究,2011(11):69-72.

[26]王习胜.思想政治教育如何应对"淡化意识形态"思潮[J].马克思主义研究,2012(3):136-142.

[27]王习胜.为善的智慧[N].光明日报,2012-12-05.

[28]吴继霞,黄希庭.诚信结构初探[J].心理学报,2012(3):354-368.

[29]杨林书.试论大学生忠诚道德教育[J].思想教育研究,2009(3):

45-47.

[30]叶松庆.守望当代大学生的道德底线[J].青年研究,2003(6):32-41.

[31]叶玉清,肖文学.新时期大学生思想道德现状及对策浅析[J].思想理论教育导刊,2012(1):92-94.

[32]曾振宇.中国传统文化研究的力作:读《中国古代忠文化研究》[J].孔子研究,2007(3):125-127.

[33]赵士辉.中国传统诚信观的特点及其现代意义[J].道德与文明,2003(1):55-57.

[34]郑少珍.中国传统诚信观的内涵及其特点[J].求索,2004(2):226-229.

[35]左高山.政治忠诚与国家认同[J].马克思主义与现实,2010(2):105-109.

附　录

一、访谈提纲(学生卷)

访谈者对学生的提问：

1.你认为在现代社会中忠诚很重要吗？

2.忠诚在社会主义核心价值观中的作用与地位如何？

3.你是从何种途径获取忠诚知识的？

4.在与别人的交往过程中，你最看重别人什么品质？

5.忠诚能否体现个体优秀品质特征？原因是什么？

6.如果给个体优秀品质的诸要素进行排序，忠诚能排在什么位置？

7.在大学阶段，你认为忠诚于什么是最重要的？

8.你怎么看待职业忠诚？

9.你认为什么类型的忠诚观是合理的？

10.如果忠诚让你的利益受到损害，你会选择什么？

11.你认为我们当前的忠诚观教育有效吗？

12.你认为现代大学生的忠诚度怎样？如果忠诚度较低，是什么原因导致的？你认为在哪些方面可以提高大学生的忠诚度？

13.在大学期间，学校提供的忠诚观培育方式有哪些？你觉得哪几种方式对形成正确的忠诚观有帮助？

14.你认为大学生忠诚观培育是否具有现实可行性？为什么？还需要接受哪些与忠诚文化相关的知识？

15.目前的忠诚观教育存在哪些利弊？你认为在高校教育中应如何提高忠诚观教育的有效性？

学生存在的疑问：

1.传统忠诚观是否适合现代社会的发展？

2.现代社会需要什么类型的忠诚观？

3.从"观念"到"行为"需要哪些因素作为推动力？

4."忠诚"之"忠"实现的可能性有哪些？

5.现代社会中是否还存在纯粹的"忠诚"？

二、访谈提纲(教师卷)

访谈者对高校思想政治理论课程主讲教师的提问：

1.作为一名思想政治教育工作者，您经常对学生进行以忠诚为主题的教育吗？请简要说明教育的形式以及效果。

2.作为一名思想政治理论课程教师，您是如何对学生传授有关忠诚知识的？除了书本上的内容外，还有其他的教育途径吗？

3.您认为高校的忠诚观培育存在哪些问题？解决问题的具体策略有哪些？

4.您认为忠诚观培育在大学生思想政治教育中所占的比重如何？在您的教学实践过程中，学生对忠诚观相关内容是否感兴趣？您就相关问题做过探讨吗？

访谈者对高校辅导员的提问：

1.您通常以什么方式对学生进行忠诚观培育？是否举行过专门的忠诚

教育主题班会？

2.您的学生与您探讨过有关忠诚的问题吗？当国家出现各类"抵制潮流"时您是怎么教育学生的？

3.您是如何教育学生做到理性爱国的？

4.在平时的思想教育工作中，您是如何对学生进行职业忠诚教育的？

后　记

万物复苏季，人间四月天。

行文至此，本书也画上了一个句号。窗外，雨色飞江城，一如我现在忐忑、不舍的复杂心情。七年前，还是辅导员的我因为自身对学术的追求以及职业的需要踏进了思想政治教育学科领域的圣殿，在不断汲取先哲的知识营养中，充分感受到思想政治教育学科的魅力，它让我一步步接近真理、靠近智慧，让我的心中充满敬畏、感恩与怀念。多少个夜晚，一台电脑，一盏明灯，一杯清水，一堆资料，让我在知识的海洋中畅游。时而因学识浅薄，低声哀叹；时而因灵光忽现，喜形于色。就这样，我的"拙作"诞生了。面对它，我既如释重负又忐忑不安。如释重负是因为昔日的思索与耕耘终于有所呈现，忐忑不安是因为它还不是那么圆满。但无论怎样，总算给一直关心我的老师、家人一个差强人意的交代。

本书是在我博士论文的基础上修改而成的，也是安徽师范大学博士启动基金项目成果之一。在读博期间，我的导师郭淑新教授用自己的行动诠释着一名教师所承载的社会责任和价值理想，让我深刻地感受到生活学术化、学术生活化的真谛。在论文撰写过程中，每一稿她都认真批阅，大至文章的逻辑结构、观点表述，小至标点句读，都一一斟酌，让我备受感动。她让我体会到学者的风范，让我感受到智者的优雅，让我保留独立的思维空间，让我在学术研究上更为严谨、在为人处世上更为周全。春风化雨、润物无声，这些优良的品格正悄悄地浸入我的心灵，成为我生命的一部分。

这些年有太多的人给了我太多的帮助。在此，感谢朱平教授、王习胜教授、叶松庆教授、彭凤莲教授、吴先伍教授、汪盛玉教授、张正光教授对本书提出的宝贵修改意见，感谢彭启福教授、钱广荣教授在写作中给予我的热情鼓励与悉心指导。此等恩情，学生永生铭记！

感谢同学戴家芳、钱进、雍自元、薛保红、李涛、朱琳在学习生活上给予我的关怀与帮助，感谢单位领导同事给予我的理解与照顾，感谢师姐刘桂荣、赵迎华给予我的关爱，感谢部分同仁为我的访谈调研提供了实证材料。因为你们，我的人生有了更多精彩而美好的回忆！

最后，感谢一直在我身后默默支持我的父母与爱人。因为你们，我才有更多的时间和精力去追求真理、找寻智慧！

亚里士多德说："思维是从疑问和惊奇开始的，常有疑点，常有问题，才能常有思考，常有创新。"——与君共勉！

高媛媛

2019 年 4 月 19 日写于文津花园